미래교육의 불편한 진실

환 상 에 사 로 잡 힌

미래교육의
불편한
진실

박제원 지음

진보의 오류 진보의 딜레마

박남기 (광주교육대학교 교수, 전 총장)

제목부터 상당히 도발적이다. 저자는 지금 유행하는 '미래교육' 담론에 불편한 진실이 숨어 있으며 실제로는 다수가 동의하는 교육방향이 아니라고 주장한다. 논란을 일으킬 만한 주장인 만큼 해박한 학습과학 지식을 토대로 객관적, 실증적 방법으로 논리를 전개해나간다.

1장에서 저자는 '지식'은 그 특성상 애매한 신념인 경우가 많아 결국 차별적일 수밖에 없다고 본다. 교육당국이 4차 산업혁명을 근거로 '절차적 지식'만 중시하고 '사실적 지식'과 '개념적 지식'을 경시하는 현실은 지식의 형식적 분류와 배제에 불과하고, 우리 삶을 개선할 수 없다는 것을 푸코의 지식관과 프래그머티즘을 들어 밝힌다. 실제로 기초학력 미달 학생 비율이나 초·중·고 학생

중도탈락률 증가 추이만 봐도 우리 사회에서 가난한 집 학생들이 더욱 가난해지는 불평등한 구조가 깊어지는 현실을 알 수 있다. 이는 실력주의 사회가 지속될 때 나타나는 자연스러운 흐름이기는 하지만 교육 권력의 '신념'이 일조한 측면도 있음을 부인하기 어렵다. 지식과 관련된 문제와 결과에는 다양한 원인이 복잡하게 얽혀 있기 마련인데, 지식의 의미와 특성을 통해 이를 밝히려는 시도가 본질적인 이해를 돕는다.

2장은 인공지능으로 '기억'을 모두 대체할 수 있다는 장밋빛 환상의 오류와 부작용 그리고 기억 교육을 주입식 교육으로 왜곡하는 문제점에 초점을 맞춘다. 특히 이런 오류와 오해가 주로 학교 교육에만 의존할 수밖에 없는 가난한 학생들을 과거보다 더욱 차별하게 되는 현실을 일깨운다. 저자는 이처럼 진보적 주체의 선한 의도와 다른 결과가 나타나는 현실을 '진보의 역설' 혹은 '진보의 딜레마'라고 칭한다. 우리나라 진보 집단이 사회적 약자를 위한답시고 시행해온 각종 교육 정책이 오히려 그들을 점점 더 어려움에 빠져들게 만드는 현상을 꼬집는 것이다.

3장과 4장에서는 '역량' 교육에 대한 근본적인 문제를 제기하고 있다. 아직도 역량의 의미와 범주, 역량과 지식의 관계 등에 대해 의견이 엇갈리고 있다. 그 결과 역량 교육은 혼선을 빚고 있고 기대한 효과보다는 부작용만 뚜렷하다. 저자는 대표적으로 '비판적 사고', '창의력', '의사소통', '협력'을 통칭하는 소위 '4C'를 지식과 대립하는 능력처럼 조작, 미화하여 강조하는 교육 지침은

'미신'에 불과하다고 주장한다. 즉 실제와는 다른 거짓 이미지만 내세워 대중을 속이려는 일종의 '마술'이라는 것이다. 그동안 실시해온 역량 교육과 관련하여 그 의미와 방법 그리고 성과를 되돌아보면 자연스럽게 저자의 비판을 수긍할 수밖에 없다. 한편 저자가 제시하는 4C 향상 비법은 교육의 본질에 맞닿아 있어 지금의 맹목적 교육 현실에서 발상을 전환할 수 있는 좋은 계기가 될 것으로 보인다.

5장과 6장에서는 교육당국이 주도하는 소위 '새로운 학력'을 실천하는 과정에서 나타나는 문제점을 짚는데 특히 학습과학 원리를 따르는 여러 대안을 제시하고 있어 눈여겨볼 만하다. 이를테면 새로운 학력의 관점에서 수행된 국어 수업을 분석하여 지식 없는 '시 쓰기'는 맹목적 활동일 뿐이고, 일부 주제통합수업을 배움이 일어나지 않는 교육으로 비판한 점은 실제 학교 현장에서 의미 있는 논쟁거리로 받아들일 수 있다.

이 책은 저자가 오랫동안 한국예탁결제원에서 근무하다가 교육에 뜻을 세우고 교직에 뛰어들어 겪은 체험과 다양한 학문적 배경, 열정을 바탕으로 쓰였다. 교단에서 직접 교육하며 얻은 보람과 함께 번민과 좌절로 얻은 깨달음으로 그동안 확고부동한 진리처럼 일방적으로 미화되던 미래교육을 하나하나 되돌아본다. 교육 분야는 추상적인 개념이 많아 어려운 주제임에도 불구하고 독자가 쉽게 이해할 수 있도록 꼼꼼히 설명하고 있기 때문에 가독성도 높다.

그동안 우리 교육계는 힘을 가진 주류가 자신들과 생각이 다른 입장을 합리적으로 반박하기보다는 아예 무시하는 '권력형 차별 전략'을 구사하는 경우가 많았다. 부디 이 책과 저자의 노력이 교육계에 새로운 화두와 동력으로 작용해 현실을 개선하고, 진정한 미래교육에 일조하기를 기대한다.

교육의 퇴락을 우려하는 간절한 호소

이대식(경인교육대학교 교수)

• 지식은 유용해야 한다는 주장을 어떻게 받아들여야 할까?

• 지식 교육 대신 역량 중심 미래교육을 해야 한다는 주장에는 어떤 함정이 숨어 있을까?

• 왜 교육 여건이 불리한 학생들의 학력 수준이 더욱 악화되고 있을까?

• 단편적 지식과 정보는 컴퓨터를 사용하면 되니 기억할 필요가 없다는 주장은 정당할까?

• 지식 중심 주입식 교육은 이제 그만해야 한다는 주장을 어떻게 받아들여야 할까?

저자는 미래교육을 다루는 수많은 책들 중 상당수가 논리적으로 모순되고 타당성이 부족한 '미신'이라고 지적한다. 코로나19 이후 더 자주 사람들 입에 오르내리며 당연한 듯 여기는 '미래교육'을 '장밋빛 거짓말'이라고 부르면서 위 질문들에 하나하나 답한다. 이 책은 교육을 제대로 하고자 하는 교육당국자, 교육학자, 교사, 학부모에게 적어도 세 가지 측면에서 관심을 끌만하다.

첫째, 지식은 삶에 유용해야 한다는 생각의 오해와 남용 위험이다. 지식이 유용해야 한다는 믿음은 오랫동안 학교 교육에 직간접적으로 영향을 미쳐왔다. 실제로 학교 교육이 아이들이 미래에 적극적으로 관심을 두는 데 긍정적인 영향을 끼치기도 했다. 하지만 저자는 오로지 역량만을 내세우며 지식의 본질을 경시하는 태도나 지침은 학력 저하를 심화시키는 결과를 초래할 뿐 결코 삶을 나아지게 할 수 없다고 말한다.

그렇다면 역량 중심 교육이 어째서 소외계층, 즉 교육 여건이 불리한 학생들의 학력 저하 문제 해결에 도움이 되기는커녕 더욱 악화시킬까? 이런 논증에는 더 많은 자료 수집과 분석이 필요하겠지만 상식적 수준에서 짐작은 그다지 어렵지 않다. 역량을 과거부터 학교에서 가르치던 지식과 별개인 양 생각한다면 학생들에게 반드시 가르쳐야 할 지식 교육에 소홀해질 수밖에 없다. 저자는 이런 현상이 지식과 지식 교육에 대한 왜곡된 인식이나 부정확한 이해로부터 비롯됐으며, 역량을 가르치고 배우게 해야 한다는 주장이 사실은 역량에 대한 무지에 근거한다고 단언한다. 역량이 지식과 확연히 구분되는 개념이라거나 요즘 특히 더 필요한 능력이라고 강조하기에는 어색한 이유가 언제나 학교는 학생들의 역량을 키우려고 노력해왔기 때문이다. 그 노력은 교과 교육 특히 각 교과 영역별 핵심개념을 가르치고 배우는 교육과정에 체계화되어 있다. 따라서 교육당국은 역량을 마치 새롭게 등장한 교육적 능력이라고 강조할 것이 아니라 그동안 역량 교육을 제대로 해왔는지 먼저 살펴봐야 한다는 저자의 주장은 무척 옳다.

둘째, 주입식 교육 논란에 대한 올바른 이해 측면에서도 유용하다. 지식 중심의 주입식 교육은 교육 문제를 거론할 때마다 약방의 감초처럼 등장한다. 저자는 지식을 전달하는 방식인 기억 교육 모두를 주입식 교육으로 매도해서는 안 된다고 지적한다. 주입식 교육은 교육 내용이 반교육적이거나 무성의한 교수·학습법만을 지칭하는 것으로 봐야 한다. 학습에서 기억은 개념 발달에 초석이 되는 인지 방식이기 때문에 지식 교육이 매우 중요하다는 입장에 적극 공감할 수 있다.

셋째, 학습자 중심, 참여 중심 수업에 대한 올바른 인식의 필요성이다. 주제통합수업, 문제기반수업, 프로젝트기반수업, 융복합수업 등 소위 학습자 주도형 수업은 자칫 '지식'과 '기억'보다는 '검색'과 '활용'이 더 중요하다는 인식을 낳는다. 저자는 이에 대해 "검색 능력은 사고 능력으로 연결되지 않는다.", "인공지능으로 기억을 모두 대체할 수 없다.", "비판적 사고는 지식을 근간으로 해야 한다.", "어떤 교수·학습법을 쓰느냐보다는 실제로 배움이 일어나느냐가 더 중요하다."며 조목조목 반박한다.

몇 년 전부터 개인적으로 예비교사를 대상으로 '미래교육'이라는 교양강좌를 개설하여 강의하고 있다. 처음에는 미래교육 담론을 분석하고 각종 미래교육 방법을 다뤄보려고 했으나 강의를 준비할수록 그리고 실제로 강의를 할수록 개념과 실체가 불분명해졌다. 첨단을 달리는 정보통신기술이나 매체를 활용하는 능력보다는 여기에 담겨야 할 지식을 우리가 제대로 가르치고 배웠는지 따져 묻는 것이 더 시급한 과제로 보였다. 실제로 미래교육이 학습자에게 효용을 주지 않는다면 공허할 뿐이다. 특히 교수자와 학습자가 특정 주제와 관련하여 무엇을 어떻게 가르치고 배워야 할지 서로 모르는 상황에서 과연 인공지능 활용 수업 등이 실익이 있는지 의문이다.

교육의 역사나 본질 측면에서 학습의 성패는 학생들이 어떤 활동을 즐겁게 활기차게 했는지에 달려 있지 않다. 그것보다는 인류가 그동안 축적해온 지식을 토대로 학생들을 어떤 방향으로 어떤 내용으로 성장시킬지 고민하는 것이 더 중요하다. 안 그러면 교육은 그저 신체 활동, 감정 토로에 지나지 않으며 지적 유산을 계승하기는커녕 모두가 퇴락의 길로 들어설 수밖에 없다. 교육계 모두 교육의 본질과 역할을 다시 숙고하여 학교에서 올바른 지식교육이 이루어지도록 노력해야 한다는 저자의 절절한 호소에 깊이 공감하지 않을 수 없다.

뇌과학적 지식이 한껏 발휘된 교육 철학

이찬승(교육을바꾸는사람들 대표)

책의 추천사를 쓰는 일은 다소 부담스럽다. 내가 추구하는 가치, 신념, 문제 해결 방식과 다른 내용일 수 있고 또 책의 좋은 점만 써야 하기에 추천사를 읽고 책을 사게 된 독자의 마음을 상하게 할 수 있다. 그러나 이번 책은 평소에 저자가 연재하던 칼럼을 빠짐없이 읽으며 저자가 어떤 생각으로 책을 냈는지, 무슨 가치를 지향하는지 잘 알고 있었기 때문에 기꺼이 수락할 수 있었다.

이 책은 제목이 암시하듯이 전통적인 지식 교육에서 역량 교육으로 옮아가는 현재의 교육 정책이나 교육 방식에 대한 성찰을 촉구하는 일종의 비판서이다. 전체 구성 중에 특히 앞의 1, 2장은 주제와 조금 동떨어져 보이는 원론적인 내용이어서 무척 의외였다. 하지만 조금 더 읽다 보면 1, 2장은 후속 내용을 뒷받침하기 위해 꼭 필요한 사전 지식임을 알게 된다.

1장과 마주하면 '웬 지식론이지?' 하는 생각이 든다. 그러나 곧 '지식이 사회발전의 도구가 되려면'이라는 소제목을 만나면서 저자가 말하려는 속내를 조금씩 알아차릴 수 있게 된다. 프래그 머티즘은 다른 어떤 철학보다 지식의 유용성을 내세우지만 지배 집단이 현실의 문제를 감추고 집단의식을 조작하는 도구로 쓰일 수 있다는 주장은 왜 이 책의 제목을 '미래교육의 불편한 진실'로 삼았는지 짐작하게 만든다.

2장을 읽을 때는 특별히 기대가 컸는데 평소 '기억'에 대한 관심이 많았기 때문이다. 저자는 인공지능이 기억을 대체할 수 있다며 지식 교육을 낡은 방식으로 치부하는 사고는 미신에 불과하다고 주장한다. 아울러 미래교육은 지식에서 역량을 중시하는 쪽으로 나아가야 한다는 교육당국의 주장을 '교육신경과학Educational Neuroscience' 원리를 근거로 조목조목 반박한다. 이처럼 학습과학 지식을 바탕으로 문제를 분석하고 해법을 제시하는 점이 이 책의 가장 큰 특징이자 강점이다.

3장에서 저자는 교육당국이 4차 산업혁명을 캐치프레이즈로 내세우면서 마치 역량을 지식보다 우월한 능력처럼 미화한다고 비판한다. 이어서 4장에서 핵심역량 중 하나인 '비판적 사고'를 교육할 때도 사실적, 개념적 지식을 근간으로 해야 한다고 역설한다. 지식을 많이 기억할수록 교사의 비판적 사고 교육이 빛을 발하고 학생도 지식을 효율적으로 전이할 수 있다고 본다. 또 피카소가 〈아비뇽의 처녀들〉을 완성하게 된 배경 등을 설명하며 '창의력'을 근본적으로 기억을 가공하는 능력으로 보고, 창의력을 보다 효과적으로 가르치고 배우기 위한 전략을 꼼꼼히 소개한다. 이와 더불어 '의사소통역량'과 '협업역량'을 높이는 저자만의 탁월한 제언도 반드시 챙겨 읽어야 할 대목이다.

다시 5장에서 배움은 학습과학 원리를 따를 때 일어난다고 하면서 지식과 메타인지와의 관계를 설명하고, 마지막 6장에서는 실제 수업 사례를 분석하고 비평하며 그 대안까지 제시해 독자의 이해를 돕고 주장의 설득력을 높인다.

책을 읽는 내내 저자의 뇌과학, 인문사회 지식의 융복합 능력과 통찰력에 감탄했고, 이런 요소들이 곳곳에서 쏠쏠한 재미를 안겨줬다. 교육계는 물론 일반 학부모와 학생에게도 필독을 권한다.

차례

서문

이 책은 최근 10년 동안 한국 교육에서 벌어진 일과 관련이 있다. 그동안 가랑비에 옷 젖는 줄 모르게 심각해진 지식 격차, 학력 격차에 대한 문제의식을 담아 교육당국, 교육학자, 교사에게 호소한다. 자본주의 시장경제에서 자본의 역사 그리고 자본축적의 순환법칙을 제대로 분석하려면 시장 바깥에서 접근해야 하듯이, 지금 말하는 '미래교육'이 실체가 빈약한 장밋빛 거짓말이며 한순간의 유행인데도 절대적 진리처럼 숭배되는 현실을 외부자의 시선으로 규명한다.

　우선 지식의 역사를 돌이켜보자. 계급사회가 도래하자 수많은 '사상'과 '이즘ism'이 마치 차별과 소외로 혼탁해진 세상을 구원하는 메시아처럼 등장했다. 하지만 잠깐 반짝이다가 곧 시간의 무대 뒤로 사라지곤 했다. 보통 사상과 이즘은 성격이 뚜렷하고 경계가 견고하다고 여기지만 그 과정은 우연에서 비롯된 경우가 많았고, 권력과 부를 잡거나 유지하고 축적하려는 의도에서 임의로 선을 그었다. 권력투쟁의 승자는 자신이 선택한 사상과 이즘의 역사적 기원과 과정에 옛날이야기를 붙여 참이라고 색칠했고, 그 경계 안의 사람들이 항시 내부만 바라보고 바깥으로 눈을 돌리지 못하도록 '전통'과 '원리'라는 굴레를 씌웠다.

질 들뢰즈Gilles Deleuze는 이렇게 구성된 '허구'를 식별하기 위해 "실체를 알고 싶다면 내부가 아닌 외부에서 깊이 사유해야 한다." 라고 말했다. 무엇이든 그 성질이 정해지지 않아 외부와의 우연한 만남에 의해 본성이 달라진다고 보았고, 처음부터 그 내부에 본질이 있다는 '초월성'과 대비해 '내재성'이라고 불렀다. 무엇이든 직관적으로 확고하게 보이더라도 외부환경을 변화시키면 다른 상태로 바뀔 수 있고, 사유의 지점을 내부에서 외부로 바꿀 때 현실의 문제를 개선할 수 있다는 뜻이다. 이를테면 르네 마그리트René Magritte의 작품 〈이미지의 반역〉은 외부적 사유가 번뜩이는 대표적인 사례이다. 대다수 관객이 '파이프'라고 직관하는 그림 아래 '이것은 파이프가 아니다.'라는 문장이 쓰여 있다. 실제로 작품 속 파이프는 '이미지'이지 '실재'하는 파이프가 아니긴 하다. 자신의 속단이나 타자의 권위를 무턱대고 따르는 내부 시점에서 벗어나 외부에서 사유할 때 '진짜'를 알 수 있다는 암시이다.

어떤 국가라도 교육제도는 근본적으로 독창적이거나 독립적이지 않고 주변국과 끊임없는 상호교류를 통해 진화했으며, 특히 그 사회 고유의 정치, 경제, 문화, 복지 영역 등과 유기적으로 연관되어 있다. 그러니 아무리 타국에서 성공한 교육제도라고 해도 자국의 자연, 역사, 문화 맥락을 도외시하며 무작정 도입하면 정착하기 어렵다. 교육당국이 기존의 교육은 낡았으니 새로운 교육지침을 따르라고 해도 교사는 다시 한 번 깊게 숙고해봐야 한다. 학습과학 원리를 무시한 일방적 지침은 자칫 불필요한 교육과정 개정이나 교육 환경 악화로 이어질 수밖에 없다. 지난 10년간 교육당국 주도하에 숭배되었고 아직도 유령처럼 떠도는 '미래교육', '새로운 학력', '역량'이라는 개념을 제대로 이해하려면 그 바깥에서 진지를 구축한 후 비판적, 종합적 사고를 해야 한다. 교사들부터 외부적 시선을 거두지 않아야 학생들에게 더 나은 배움을 줄 수 있다.

* * *

소위 '미래교육'은 학습과학 원리를 따르지 않는 측면이 많았지만 쉽게 내적 모순이 드러나지는 않았다. 이는 게오르크 헤겔 Georg Hegel이 『법철학』 서문에 썼던 "미네르바의 부엉이는 황혼이 되어서야 날아오른다."라는 메타포에 빗댈 수 있다. 즉 우리는 격동의 시대일수록 세계에 대해 참된 지식을 얻고 지혜가 생겨나기를 더욱 열망하지만 그 시기가 거의 다 지나가거나 끝나야만 소용돌이에 가려져 있던 실상을 볼 수 있다. 그러니 헤겔이 『역사철학』에서 절대정신이 자신을 드러내려면 반드시 시대정신을 보여주는 인간을 도구로 쓰고 역사라는 긴 시간이 걸린다고 했듯이, 초·중·고 교육에서 "지식 위주의 학력을 극복하라."는 격동의 시대가 없었고, 클라우스 슈밥^{Klaus Schwab}이 역량을 보여주는 도구이자 전도사로 쓰이지 않았으며, 역량에 씌워진 아우라^{Aura}는 위조되었다는 사실이 드러날 때까지 기다리지 않았다면 미래교육의 문제점을 볼 수 없었다.

2019년 12월 중국 우한에서 처음으로 나타난 코로나19는 미래교육에 씌워진 위조된 아우라를 벗기기 시작했다. 코로나19의 거센 파고는 전 지구적으로 삶을 위협하였기 때문에 한국 교육도 이를 피할 수 없었고, 교육부든 교육청이든 지식과 학력에서의 퇴보와 격차를 더 이상 숨길 수 없었다. 2020년 7월《동아일보》는 「중위권 학생 확 줄고 하위권 급증」이라는 기사에서 "교사 생활 15년 만에 이런 성적분포는 처음 봐요."라는 서울 지역 한 교사의 인터뷰 기사를 실었는데, 1학기 중간고사 학급 점수 분포를 보니 중위권은 줄어든 반면 하위권은 크게 늘었다는 내용이었다. 굳이 이 기사가 아니더라도 현직 교사들은 코로나19 이후에 지역과 학교급을 가리지 않고 학력 격차의 심각성을 추측이나 느낌이 아니라 실제로 경험하고 있는 실정이다.

IEA^{International Association for the Evaluation of Educational Achievement, 국제교육성취도평가협회}는 4년 주기로 60여 개 국가의 초등학교 4학년과 중학교 2학년을 대상으로 수학과 과학 성취도를 비교하는 연구를 한다.

한국교육과정평가원은 IEA가 시행한 「TIMSS Trends in International Mathematics and Science Study, 수학·과학 성취도 추이변화 국제비교 연구19」에 대한 결과 보고서를 받아 2020년 12월 8일에 발표했다. 이에 따르면 국내만 놓고 볼 때 상위권 학생은 2015년과 비교해 학업 성취도가 올라 갔지만 하위권 학생은 더 떨어져 격차가 뚜렷해졌다. 수학 상위 10퍼센트인 중2 학생의 평균점수는 727점으로 2015년 711점보 다 16점 올랐지만 같은 학년 수학 하위 10퍼센트 학생의 평균점 수는 491점에서 475점으로 16점 떨어졌다.

교육당국을 중심으로 이처럼 학력 격차가 깊어진 배경을 코 로나19 탓으로 돌리는 처사는 속단이며 지나친 억측에 가깝다. 「TIMSS19」 연구 시점은 코로나19 이전인 2018~2019년이며 한 국교육과정평가원은 그 결과를 국내에 그대로 전달했을 뿐이다. 즉 코로나19는 학력 격차를 심화시킨 원인이 아니라 이미 커질 대로 커진 학력 격차를 수면 위로 떠오르게 했을 뿐이다. 그런데 도 교육당국이 학력 격차를 자꾸 역병 탓으로 돌리면 지난 10년 간 미래교육이라며 찬미하던 새로운 학력의 한계와 파산을 감추 려는 대중조작으로 보일 수밖에 없다. 이미 수년 전부터 학력 격 차에 대한 여러 징후와 경고가 이어졌는데도 다수의 교육청은 이 를 무시하며 '역량'을 마치 하늘에서 뚝 떨어진 참된 학력처럼 미 화하는 일을 멈추지 않았고, 감히 넘볼 수 없는 성역으로 만들었 다.

***

교육당국이 미래교육을 한답시고 학습과학 원리를 왜곡한 사례는 무수히 많다. 학습은 '기억'인데도 고성능 계산기에 불과한 인공지능을 내세워 '기억 교육'을 '주입식 교육'으로 몰아갔다. 교사에게 비판적 사고를 사실적, 개념적 지식과 대립하는 것처럼 이분법적으로 설명했고, 비논리주의적 사고인 창의적 사고만을 비판적 사고로 받아들이도록 편향적으로 왜곡했다. 학습의 선결 과제인 학생의 관심과 동기 유발을 단순히 '흥미'로 해석한 교수·학습법의 오류도 빼놓을 수 없다. 특히 그동안 교육계 안팎에서 기초 또는 보통 학력 미만자의 비율이 심각하게 늘고 있고 학생의 지식 수준이 전반적으로 낮아지고 있다며 문제를 제기하면, 일부 교육청 장학사들은 학력 개념을 지식 위주 학력에서 벗어나 재정립해야 한다든지 줄 세우기 경쟁 교육의 늪에서 벗어나지 못하고 있다며 이슈를 희석했고 학습과학 원리에 정통한 교사를 소외시켰다. 또 교사 연수나 교육 행사에서 단 한 명의 아이라도 차별받거나 소외되지 않는 교육을 해야 한다는 등 배움은 공감과 경청이라는 등 정서적 언어만 반복함으로써 이성의 예리함을 무디게 만들었다.

반면 코로나19가 심화되자 아이러니한 일도 일어났다. 그동안 다수의 교육청이나 교사단체는 국가수준 학업성취도 평가에서 드러난 학력을 지식 위주 학력으로 간주하며 지성, 감성, 시민성이 어우러지는 전인교육을 보여주지 않는다고 비판해왔다. 그런데 코로나19 이후 연간 중점 과제로 기초학력 전담교사를 배치하거나 기초학력이 더딘 학생들을 위해 보충지도를 하겠다며 나선 것이다. 이런 태도는 반가운 일이지만 한편으로는 전혀 달갑지 않다. 자연의 경고를 무시하고 어떤 대비책도 세우지 않다가 화산이 폭발하여 화산재가 퍼지고 홍수가 이는 등 어마어마한 피해가 나서야 관계 당국이 부랴부랴 대응에 나선 '미봉책'과 비슷하기 때문이다.

교육당국이 학력 격차 문제를 해결하겠다면 2018년에 치러졌던 'PISA^{Programme for International Student Assessment, 국제학업성취도평가}'에 대한 기억을 먼저 떠올려야 한다. 비록 PISA 지표가 이런저런 한계는 있지만 미래에 더 나은 삶을 도모하도록 돕는 나침반 역할은 할 수 있다. 2018년 PISA에는 비회원국을 포함하여 전체 79개 국가들이 참여했는데 우리나라는 읽기 6~11위, 수학 5~9위, 과학 6~10위로 2015년 읽기 4~9위, 수학 6~9위, 과학 9~14위와 비교하면 과학을 제외하고는 비슷했다. 하지만 2000년에 읽기 7위, 수학 3위, 과학 1위였고 그 후 계속 최상위권이었지만 2012년부터 읽기 3~5위, 수학 3~5위, 과학 5~8위로 떨어지면서 계속 하락하는 형편이다. 학력 격차가 교육당국의 말과는 다르게 한순간에 우발적으로 커진 것이 아니라 코로나19 한참 전부터 이미 벌어지고 있었다고 어렵지 않게 추론할 수 있다. 다시 말해 코로나19는 학력 격차 심화의 직접적, 근본적 원인이 아니라 단지 원격수업 장기화를 초래해 외부로 학력 격차의 실상을 드러나게 했다고 봐야 옳다.

* * *

　학력 격차를 올바로 이해하려면 발터 벤야민^{Walter Benjamin}의 통찰을 주목하는 것도 좋을 듯하다. 그는 20세기 초에는 우울한 지식인에 불과했지만 21세기에 접어들며 본격적으로 화려한 스포트라이트를 받으며 지성의 무대로 복귀했다. 특히 『역사의 개념에 대하여』라는 저서에서 스스로 외부자가 되어 파울 클레^{Paul Klee}의 그림 〈새로운 천사〉를 '역사의 천사'라고 빗대며 자신의 사상을 완성하는 동시에 마르크스주의 역사관에 대한 깊은 통찰을 보여준다.

　천사는 눈을 크게 뜨고 있고, 입은 벌어져 있으며 또 날개는 펼쳐져 있다. 역사의 천사도 바로 이렇게 보일 것임이 틀림없다. 우리 앞에서 일련의 사건들이 전개되고 있는 바로 그곳에서 그는 잔해 위에 또 잔해를 쉼 없이 쌓이게 하고 또 이 잔해를 우리들 발 앞에 내팽개치는 단 하나의 파국만을 본다. 천사는 머물고 싶어 하고 죽은 자들을 불러일으키고 산산이 부서진 것을 모아서 다시 결합하고 싶어 한다. 그러나 천국에서 폭풍이 불어오고 있고 이 폭풍은 그의 날개를 꼼짝달싹 못하게 할 정도로 세차게 불어오기 때문에 천사는 날개를 접을 수도 없다. 이 폭풍은 그가 등을 돌리고 있는 미래 쪽을 향하여 간단없이 그를 떠밀고 있으며, 반면 그의 앞에 쌓이는 잔해의 더미는 하

늘까지 치솟고 있다. 우리가 진보라고 일컫는 것은 바로 이러한 폭풍을 두고 하는 말이다.[1]

이 대목에서 '천사'는 '역사적 유물론자', '천국'은 '미래', '폭풍'은 '진보'를 각각 상징한다. 천사는 천국으로부터 불어오는 바람을 두려워하는데, 미래를 통해 현재를 구원하기보다는 오직 파국으로 치닫는 현재를 중시하며 세상을 구원하려고 한다. 즉 벤야민의 역사적 천사는 미래가 아닌 오직 현재에만 살며 현재의 암울한 고통과 파국을 도외시하는 미래주의자와 맞서고 있다. 그가 단순하고 관념적이고 보수주의자여서 이런 문제의식을 드러낸 것이 아니다. 급진적 진보주의자이지만 그의 사유에는 항시 '역사는 진보하는가?'라는 물음이 숨어 있었고, 시간의 불가역성에 맞춰 진보를 기계적으로 해석하는 역사주의를 받아들이지 않았다. 19세기 이후 과학기술의 발전으로 인간의 삶이 진화할 것이라는 믿음과 기대는 세기가 바뀌자마자 전 세계를 공포로 몰아넣은 1차 세계대전으로 무색해졌다. 그 공포가 채 가시기도 전에 세계 대공황과 2차 세계대전이 꼬리를 물었고 빈곤과 장시간 노동의 고통은 전혀 줄어들지 않았다. 벤야민이 이 책을 쓴 이유는 당시의 진보주의자가 당연하듯이 받아들이던 "역사는 발전하기 때문에 미래로만 가면 더욱 행복하다."는 믿음이 환상이라는 사실을 직접 경험했기 때문이다.

교육에서 '미래'라는 말을 '진보'와 동일시하거나 더 나은 삶이

기다리고 있으니 오직 그 방향으로 질주하면 된다는 사고는 유해하다. 미래교육을 '혁신'과 동질화하여 추종하면 역사가 '진보한다'는 의미를 반드시 '진보해야 한다'고 해석하게 되어 자칫 인간 삶의 역동성을 모두 지워버리고 특정한 삶의 방식으로 가둘 위험이 있다. 교육당국의 의도가 아무리 선하다고 해도 가난한 자들에게는 달콤한 독약으로 변질되어 삶을 파국에 이르게 할 수도 있다.

이 책은 교육당국에 대한 근거 없는 비난이나 혁신에 찬물을 끼얹으려는 의도에서 나온 것이 아니다. 미래교육은 '새로운 학력'이라는 별칭으로 수년 동안 초·중·고 교육을 지배했고 교사는 교육당국 지침에 따라 사실적, 개념적 지식보다는 절차적 지식, 또 절차적 지식보다는 태도 역량을 중시하며 교육해왔다. 하지만 소위 '4C'라고 불리는 '비판적 사고Critical Thinking', '창의력Creativity', '의사소통Communication', '협력Collaboration' 역량이 실제로 학습되어 향상되었다는 구체적이고 객관적인 증거는 아직 찾아볼 수 없다. 오히려 학생 간 지식 격차, 학력 격차는 더욱 벌어졌고 학업 중단율도 사교육비와 함께 늘었으며 그나마 명맥을 유지하던 계층이동 사다리는 형체마저 사라져 잔해만 남았다.

교육당국자, 교육학자, 교사, 학부모 모두 저마다 미래교육에 대한 의견이 다를 수 있음을 인정한다. 하지만 어떤 교육관이든 그 중심에는 '학습'이 있고 반드시 학습과학 원리를 따라야만 우리 아이들이 교육적으로 의미 있는 성취수준에 이를 수 있다. 독자들은 앞으로 펼쳐질 각 교육 쟁점마다 '보수' 혹은 '진보'라는 이념적 선입견을 잠시 뒤로 접어두고 특히 과학적 근거에 심혈을 기울인 학습 대안에 눈길을 주며 읽어나가기를 바란다.

* * *

이 책이 나오기까지 너무나 많은 분들의 도움을 받았다. 가장 먼저 아내 김소영 선생님과 아들 강희, 딸 서연, 세 분 누님과 매형들의 뜨거운 응원이 있었다. 이 책이 필자가 살면서 그들에게 받았던 무한한 사랑과 배려에 보답하는 작은 선물이 되었으면 한다.

한국예탁결제원에서 10년 동안 일하다가 2003년 교육의 힘을 믿고 교사로 전직했을 때 교육 동지로서 늘 함께했던 김한길 선생님에게 감사드린다. 실의에 빠질 때마다 교육에 대한 열정을 잊지 않도록 조언하고 지식과 경험 부족으로 집필에 어려움을 겪을 때마다 새 힘을 넘치게 주셨다. 이런저런 집필을 할 때마다 난삽한 졸고를 꼼꼼히 읽으며 송곳처럼 비평하고 언어적 미숙함에서 벗어나도록 도우며 지식 탐구에서 게으름을 경계할 것을 독려한 이정민, 정선아 두 분 선생님에게도 감사드린다.

한편 바쁜 와중에도 기꺼이 원고를 읽고 추천사를 써주신 광주교대 전 총장 박남기 교수님, 경인교대 이대식 교수님, 교육을바꾸는사람들 이찬승 대표님께 무한히 감사하다. 또 개인적 아픔에 대한 진실을 알리는 데 큰 도움을 주셨던 《전북일보》 김보현 기자님이 없었다면 집필을 완성할 수 없었다는 점을 밝혀둔다.

마지막으로 아빠가 언제 어디서든 늘 함께하겠다는 말을 전하며 이 책을 사랑하는 내 아들 박강희의 영전에 바친다.

'지식'은 인류를
거인으로
만든 소중한 자산이다

지식은
애매한 신념

지식의 기원은 모호하다. 유발 하라리^{Yuval Harari}가 쓴 『사피엔스』에 따르면 현 인류는 약 7만 년 전부터 매우 특별한 일을 해왔다. 무리를 지어 아프리카를 벗어나 유럽과 호주까지 진출했고 약 3만 년 전부터는 배, 기름, 등잔, 활과 화살 그리고 따뜻한 옷을 짓는데 필요한 바늘을 발명해 사용했다. 최초의 상품이라고 볼 수 있는 각종 예술품이나 장신구를 만들어 교환하면서 종교와 계급도 등장했다. 하라리가 "유전자 돌연변이에 따른 뇌신경망 구조가 달라지지 않았을까?" 짐작만 하듯이 무엇이 인류의 삶을 바꿨는지는 여전히 알 수 없다.

　다만 그가 '인지혁명'이라고 표현한 것처럼 사피엔스는 이전 인류나 동시대 네안데르탈인과는 달리 직접 보거나 만질 수 없는 허구의 대상을 상상하고 언어로 소통했다. 사피엔스가 이런 지적 능력을 얻게 된 사건을 결코 단순하게 볼 수 없다. 아프리카 한구석에서 생존에만 급급하던 상황과 비교하면 너무나 놀랄 만한 변화로, 내부적으로 집단의식을 키워 협력을 확대했으며 결국 우월한 지식으로 네안데르탈인과의 경쟁에서 승리할 수 있었던 계기가 되었다.[1] 인류가 지적 능력과 지식을 언제 어떻게 얻었는지는 여전히 모호하지만 생존과 분리할 수 없는 필수적인 도구가 되었음은 분명하다.

　지식의 정의도 모호하다. 어떤 믿음이 지식이 되려면 우선 어느 정도 관련성 있는 근거를 얼마나 제시해야 하는지 정해야 하는데 그조차 어렵다. 이를테면 내가 철수를 부자라고 믿는 것이 지식이 되려면 그가 비싼 외제 차를 타고 나타나거나 사시사철 명품 옷을 입는 등 화려하게 사는 모습을 볼 수 있어야 한다. 하지만 이것만으로는 내 믿음을 정당화할 수 없다. 만약 그가 외제 차나 명품 옷을 누군가로부터 매번 빌린다면 부자라고 할 수 없다. 친구들에게 자주 밥과 술을 사주거나 넓은 평수의 아파트를 매입하는 등 다른 증거들이 더 필요하다. 그렇더라도 그가 부자라는 믿음이 꼭 지식이 될 수는 없다. 철수는 미국에 간 삼촌의 부탁을 받고 돈을 받아 삼촌 대신 집을 사고 잠시 머무르며 친구들을 대접했을 수도 있다.

　지식이 되기 위한 조건은 이처럼 분명하지 않지만, 플라톤이 지식을 '정당화된 참된 믿음'이라고 정의한 후 오랫동안 사람들은 이를 의심하지 않았다. 1963년 철학자 에드먼드 게티어 Edmund Gettier 가 쓴 「정당화된 참인 믿음은 지식인가? Is Justified True Belief Knowledge?」라는 논문은 지식의 역사에 새 시대를 여는 분수령이 되었다. 소위 '게티어의 문제 Gettier Problem'라는 이름으로 지식의 전통적인 정의에 이의를 제기했고, 옳다고 받아들인 지식의 조건에 심각한 문제가 있음이 드러났다.

> 나는 학교주차장에 빨간 포르셰 한 대가 주차되어 있는 걸 보았다. 나는 쎄바스찬이 아주 흔치 않은 차인 빨간 포르셰를 몰고 다닌다는 것을 알고 있다. 그래서 나는 쎄바스찬이 오늘 학교에 있다는 믿음을 가지게 된다. 이로써 쎄바스찬이 학교에 있다는 내 믿음은 정당화된다. 그렇지만, 그 빨간 포르셰는 쎄바스찬의 것이 아니었고, 마침 누군가가 우연하게도 오늘 그 차를 몰고 학교에 왔다. 그런데 쎄바스찬도 학교에 왔다. 쎄바스찬은 자신의 차가 고장 나는 바람에 오늘은 지하철을 타고 왔다. 그렇다면 나는 쎄바스찬이 오늘 학교에 있다는 점을 알고 있는가?[2]

지식의 전통적 정의를 따르면 여기서 나의 믿음은 지식이라고 할 수 있다. 쎄바스찬은 평소에 흔치 않은 빨간 포르셰를 타고 다니는데 실제로 학교 주차장에 빨간 포르셰가 세워져 있다는 근거로 그가 오늘 학교에 있다고 믿기 때문이다. 하지만 내 믿음이 참이라는 까닭을 곰곰이 생각해보면 필연이 아닌 우연의 일치일 뿐이다. 사실 쎄바스찬은 지하철을 이용해 등교했고 학교 주차장에 세워져 있는 빨간 포르셰는 그의 차가 아니다. 다시 말해 내 믿음이 지식이 된다는 근거 중에 거짓이 있던 것이다.

이런 '게티어의 문제'를 해결하는 대안으로 "어떤 믿음이 지식이 되려면 그 믿음이 참이고 근거도 사실이며 믿음과 근거 사이에 분명한 인과관계가 있어야 한다."는 조건을 덧붙일 수 있다. 하지만 이런 조건을 따르더라도 지식이라고 확신하기에는 여전히 석연치 않다.

> 정민이는 멀리 떨어진 사물을 알아보는 능력이 있지만 왜 그런 능력이 있는지 자신도 이해할 수 없다. 어느 날 정민이는 채하 선생님이 교통사고를 당해 다쳤다고 직감했다. 누군가 정민이에게 알려주거나 정민이가 직접 목격한 일은 아니었다. 이런 믿음이 내심으로는 매우 불합리하다고 느끼지만 믿지 않을 수도 없다. 며칠 후 정민이는 친구 선아를 만났는데 채하 선생님이 부상을 당했다는 소식을 듣게 되었다. 과연 정민이의 믿음을 지식이라고 할 수 있을까?

인과적 지식론에 따르면 여기서 정민이의 믿음은 지식이다. 어찌 됐든 정민이는 채하 선생님이 사고를 당해 다쳤다고 믿었고 실제로 그 일이 일어났으며 이를 믿음에 대한 원인으로 볼 수 있다. 하지만 우리는 상식적으로 이런 믿음을 지식으로 받아들일 수 없다. 정민이 자신도 어떻게 그런 능력이 생겼는지 모르기 때문에 그 믿음을 함부로 지식이라고 할 수 없다.

더 난감한 문제도 있다. 이런 조건으로 지식을 정의하면 수학이나 논리학에서 이미 진리라고 증명된 일반 명제인 '정리定理, Theorem'는 지식이 될 수 없다. 정리는 더 이상 증명할 필요 없이 자명하여 다른 명제를 증명하는 데 전제가 되는 '공리公理, Axiom'를 근거로 나왔지만 공리와 정리 간에 인과관계가 있어도 공리의 사실성을 증명할 수 없기 때문이다. 이를테면 우리가 중학교 수학 도형 단원에서 흔히 지식으로 배우는 외각정리 즉 "평면에서 삼각형의 한 외각의 크기는 그 각과 이웃하지 않는 두 내각의 크기의 합과 같다."는 더 이상 지식이 될 수 없다. 이 정리는 유클리드의 "한 평면 위의 한 직선이 그 평면 위의 두 직선과 만날 때 동측 내각의 합이 180도보다 작으면 이 두 직선을 충분하게 연장할 때 서로 만나게 된다."는 평행선 공리를 전제로 성립하는데 이것을 논증할 수 없기 때문이다.

한편 지식을 정의하는 일 자체가 헛된 수고일지도 모른다.

보아서 보일 수 있는 것은 형체와 빛깔이다. 들어서 들릴 수 있는 것은 이름과 소리다. 슬프다! 사람들은 빛깔, 형체, 이름, 소리를 가지고 사물의 실상을 알았다고 여기는구나! 무릇 그러한 것들로는 실상을 충분하게 알 수 없고, 아는 사람은 말하지 않

고 말하는 사람은 알지 못하는 것이니 세상 사람들이 어찌 이를
알겠는가? 청컨대 한번 말을 해보기로 하자! 시원始原이 있다는
말은 아직 시원이 있지 않은 때가 있다는 뜻이며, 시원이 아직
있지 않은 때조차도 아직 있지 않은 때가 있다는 뜻이다. 유有
가 있다는 것은 무無가 있다는 것이며, 다시 저 무가 아직 있기
이전에 무조차 없는 무가 있다는 것이다. 따라서 유와 무 가운
데 과연 어느 것이 있고, 어느 것이 없는지를 알지 못하겠다.[3]

장자에 따르면 인간은 고등사고력을 지니고 있어 사물을 인식
하고 말로 표현할 수 있지만, 이는 제한된 인식 능력으로 우리 중
에 누구라도 존재의 생성이나 변화의 시원까지 알 수는 없다. 따
라서 지식은 언어로 표현되는 경험에 불과하며 그 실체가 모두
들어 있지 않으므로 인간은 어떤 믿음이 지식인지 확실하게 판단
할 수 없다.

지식을 정의하는 일은 인간의 인식 능력이나 지식 조건의 한계
때문에 어렵지만 넓은 의미에서 '사회 구성원의 집단적인 경험'
으로 생각해볼 수는 있다. 철학, 역사, 물리학, 수학 등 학문만이
아니라 자동차를 운전할 줄 알거나 된장찌개를 끓이는 법을 아는
것 모두 지식일 수 있다. 또 프랑스 구조주의 철학자 클로드 레
비-스트로스Claude Levi-Strauss가 정보를 '날 것인 자료', 지식을 '익
힌 자료'라고 말하듯이 지식을 자료를 분류, 비판, 검증, 측정, 비교
하여 체계적으로 가공한 것이라고 규정할 수도 있다.[4] 하지만 일

상의 모든 집단적 경험이나 직장인이 자료를 가공해 쓴 보고서까지 지식으로 인정한다면 지식의 품격이 떨어지고 '지식기반사회'라든지 '지식인'이라는 용어 자체가 무척 어색해질 수밖에 없다.

무비판적인 믿음은 지식이 아니다

지식의 기준을 분명하게 합의할 수 없으니 진리도 애매해질 수밖에 없다. 진리를 정하는 기준에는 세 가지가 있지만 어떤 기준을 적용하느냐에 따라 판단이 달라진다.

첫째, '대응설'이 있다. 우리의 생각이나 판단이 사실이나 상황과 대응하면 진리라고 보는 것이다. 이를테면 "오늘 날씨가 맑다."라는 문장이 실제 사실과 일치하면 참이다. 우리가 "지구가 태양의 주위를 돈다."는 지동설을 진리로 받아들이는 이유는 과학적으로 증명되어 사실로 밝혀졌기 때문이다. 그러나 대응설은 어떤 판단에 대응하는 사실이나 상황이 없으면 진리인지 확인할 수 없다. "내가 백만장자였다면 가난한 사람을 많이 도왔을 수 있다."는 판단은 가정이기 때문에 대응되지 않는다.

둘째, '정합설'이 있다. 어떤 신념 혹은 판단을 꼭 경험할 수는 없어도 다른 신념 혹은 판단과 모순되지 않고 한 체계 속에 논리정연하게 들어 있으면 진리라고 인정한다. 이를테면 "태양은 지구와 비교하면 약 3천 배 정도 크다."라는 진리는 직접 측정하지 않고 이미 알고 있는 지식을 근거로 나온 판단이다. 즉 진리는 이미 인정된 지식에 비추어 논리적으로 합리적으로 옳다고 인정되는 새로운 지식이다. 그러나 정합설 역시 문제가 있다. 영국의 철학자 버트런드 러셀Bertrand Russell이 비판하듯 상상력이 풍부한 소설가는 과거를 꾸며내 지금 존재하는 세계와 짜 맞출 수 있지만 그가 상상한 과거는 사실과 다르므로 분명한 허구이다.

셋째, '실용설'이 있다. 진리는 목적이 아닌 수단이므로 어떤 문제를 해결할 수 있는 지식만 진리라고 보는 입장이다. 코페르니쿠스의 지동설이 참인 이유는 과거의 이론보다 천체의 운동을 폭넓게 잘 설명하는 데 있다. 그러나 유용성을 일반적인 기준으로 쓰기에는 부적합하다. 핵물리학은 원자폭탄으로 제국주의 일본을 항복시켰다는 점에서 진리라고 할 수 있지만 약 10만 명에 달하는 무고한 민간인을 한꺼번에 죽이고 18만 명에 달하는 사람을 다치게 한 비극이라는 관점으로 보면 거짓이 된다.[5]

이처럼 다양한 진리 기준으로 인해 지식이라고 여기는 믿음은 경쟁하거나 갈등할 수밖에 없다. 플라톤은 지식을 일시적이고 주관적인 의견인 '독사Doxa'와 항구적이고 본질적인 이데아인 '에피스테메Episteme'로 나눴다. 하지만 아리스토텔레스에게 '에피스테메'의 의미는 달랐다. 플라톤의 이데아를 원래의 의미인 '형상Eidos'으로 되돌려 이론적 지식을 '에피스테메'로 명명했고 예지적 지식인 '그노시스Gnosis'나 실천적 지식인 '프락시스Praxis'와 구별했다. 15세기 초 밀라노 대성당을 건축할 때는 건축가와 석공이기하학과 같은 실용 지식을 두고 어떻게 건축하는 것이 더 효과적인지 논쟁을 벌이기도 했다. 17세기에 의사는 산파와 비공식 치료사의 실용 지식을 무시했고 18세기 말 프랑스의 어느 방앗간 주인은 이론 전문가가 방앗간지기와 제빵사가 되는 법을 알려주겠다고 거들먹거리는 오만함을 비판하는 글을 쓰기도 했다.[6]

이렇듯 지식과 진리가 애매한 믿음에 불과하다면 도대체 인간은 무슨 믿음을 학습해야 하는 걸까? 모두는 아니라도 다수가 동의하는 지식의 조건과 진리 기준을 받아들이고 그에 따른 믿음을 학습하는 편이 더 낫지 않을까?

현대 인식론은 보통 어떤 믿음이 다음의 조건을 만족하면 지식으로 본다.

첫째, 믿음 그 자체를 받아들일 수 있어야 한다. 이를테면 상식적 주장, '지구는 둥글다.'와 같은 과학적 사실, 직접 목격한 사람의 증언이나 그 분야에 대한 전문가의 보고서, 'X는 존재하거나 존재하지 않는다.'는 말처럼 논리적으로 필연일 수밖에 없는 진리 등을 말한다.

둘째, 믿음을 뒷받침하려고 제시한 근거가 믿음과 관련되어야 한다. 이를테면 전구 상태가 양호하다는 믿음이 지식이 되려면 전구에 불이 켜져야 한다.

셋째, 믿음을 지지하는 근거를 종류, 수, 질 등을 고려하여 충분하게 제시해야 한다. 이를테면 결혼은 할 것이 못 된다는 믿음은 나 자신이 결혼에 실패했다는 근거만으로는 관련성이 적기 때문

에 지식이 될 수 없다.[7]

지식 조건을 마련해도 지식이나 진리에 대한 논란을 완전하게 없앨 수 없다. 상식은 지식이 될 수 있지만 "보통 알고 있고 알아야 하는 것이 무엇인가?"라고 질문하면 어떤 기준을 적용했느냐에 따라 해답은 다를 수밖에 없다. 다만 '게티어의 문제'를 통해 우연히 참이 되는 믿음을 지식에서 배제해야 한다는 것은 알 수 있다. 현대 인식론에서 정한 지식의 조건 역시 시사점을 준다. 우리가 어떤 믿음을 지식으로 판단할 때 단지 그럴듯하다고 해서 무비판적으로 받아들여서는 안 되고 최소한의 조건을 만족시켜야 한다는 것이다.

지식의 메커니즘은
차별

어떤 내용이든 순수하게 객관적인 지식은 드물다. 지구가 태양의 주위를 돈다는 불변의 진리 등을 제외하고는 과학적 지식마저 주관적일 때가 있다. 과학적 지식이 객관적이려면 자연을 탐구하는 모든 분야에서 보편적이어야 하지만 현대과학마저 특수할 뿐이다. 대체의학인 한의학에도 나름의 체계가 있지만 주류인 서양의 학자들은 과학적 치료 방법이나 행위로 받아들이지 않으며 의학적 성과마저 우연으로 돌려버린다.

지식이 주관적인 까닭은 사회적으로 구성되기 때문이다. 어떤 지식이라도 다른 지식을 참고하고 해석하여 만들어진다. 전구를 최초로 만든 사람은 미국의 발명가 토머스 에디슨^{Thomas Edison}이 아니라 영국의 화학자 험프리 데이비^{Humphry Davy}였다. 그가 만든 전구는 탄소봉 전극을 이용한 아크등으로 지나치게 밝아 가정에서 쓰기에 적합하지 않았을 뿐이다. 전구의 생명인 필라멘트 특허도 영국의 화학자 조셉 스완Joseph Swan이 에디슨보다 먼저 출원한 상태였다. 따라서 에디슨이 이들의 지적 도움을 받지 못했다면 보다 효율적인 전구를 만들 수 없었을 것이다. 칸트의 철학이나 아인슈타인의 상대성 이론도 독자적으로 만들어지지 않았다. 데카르트의 합리론이나 베이컨의 경험론이 없었다면 칸트의 근대철학은 완성될 수 없었고, 아인슈타인은 뉴턴 역학을 부정했지만 이를 바탕으로 하지 않았다면 상대성 이론도 나올 수 없었다.[8]

프랑스 구조주의 철학자 미셸 푸코Michel Foucault는 "지식은 사물과 말로 구성된다."고 말한 바 있다. 예컨대 생물학은 세포나 유전자를 생물학적 담론으로 구성한 지식이다. 그에 따르면 어떤 지식이든 주관적이며 스스로 발전하지 않고 권력이 선택한 담론에 따라 새로운 의미로 바뀐다. 권력은 여러 담론 중에 자신에게 유리한 담론을 선택하고 이를 통해 개별 지식을 차등적으로 분류하며 일부를 배제하기도 한다. 이를테면 우주가 생긴 이래 천체는 그대로지만 천체 운행에 대한 지식은 천동설에서 지동설로 변했다.[9]

'광기'라는 지식도 마찬가지다. 광기는 '정상이 아닌 미침'이라는 뜻인데 중세나 르네상스 시대에는 다른 의미였다. 중세에는 '예언적인 재능'으로, 르네상스 시대에는 '이성을 넘어선 영역'을 가리키는 용어였다. 18세기 계몽주의 시대에는 '정상'이라는 담론이 생겨나면서 '윤리적 결함'이라는 의미로 바뀌었고 광인은 사회적 의사결정 과정에서 배제되었다. 심지어 19세기에는 광인을 잡아들여 정신병원에 가두고 타인과의 접촉을 차단했다. 더 비인간적인 상황도 벌어졌다. 프랑스에서 정신병원은 관광코스 중 하나가 되었고 관광객은 감금된 광인을 보면서 이성적 존재라는 우월감을 느꼈다. 과거 한국 사회만 보더라도 시골의 작은 마을에는 꼭 지력이 떨어지는 사람이 한 명쯤 살았고 마을 공동체 구성원들은 그와 더불어 살아갔다. 하지만 지금은 어디서든 치료를 받아야 할 정신질환자로 낙인 찍혀 함께 사는 풍경을 보기 어렵다.[10] '정상'이 만들어지면 상대적으로 '비정상'이 나타날 수밖에 없고 '비정상'은 필연적으로 배제된다.

지식이 권력이다

그렇다고 지식이 수동적이지만은 않다. 권력은 지식에 대해 서열을 정하거나 배제하지만 거꾸로 지식이 없으면 권력은 작동될 수 없다. 다양한 지식 가운데 어떤 지식을 권력의 틀 안으로 포섭하고 다른 지식을 배제할지를 결정하려면 기준이 되는 지식이 있어야 한다.[11] 여기서 권력은 꼭 정치적 국가 권력만을 의미하지 않는다. 국가 권력은 상위일 뿐이며 사회에서 일상적으로 은밀히 작동하는 모든 힘이 권력이다. 지배 집단은 권력을 유지하거나 확장할 때 굳이 법이나 물리적 강제력을 동원하지 않더라도 특정한 지식 체계로 그 목적을 이룰 수 있다.[12] 이를테면 의사는 법적, 정치적 의미에서 환자에게 권력을 행사하지 않고도 의학 지식을 통해 환자에게 명령하고 복종하도록 만든다. 병원이나 의과대학도 다르지 않다. 톰 세디악^(Tom Shadyac) 감독의 〈패치 아담스^(Patch Adams)〉는 의료 체제를 다룬 영화이다. 의과대학 학생인 아담스(로빈 윌리엄스 분)는 학장인 월콧(밥 건튼 분)과 자주 부딪친다. 월콧은 아담스는 엉뚱한 학생이어서 그럴듯한 의사로 성장할 수 없다고 본다. 수시로 아담스에게 "좋은 의사로 성장하려면 의학 지식이 환자들에게 얼마나 유용한지에 대해 알아야 한다."고 마음 쓰듯 충고한다.

> "자네가 의사가 되기를 열망한다는 소리를 들었네. 사실 열망이 의사를 만들지 않아. 내가 의사를 만들어. 이 사실을 알겠나? 그리고 의대생은 3학년이 되기 전에는 환자를 대할 수 없어. 내 말의 뜻을 알아듣겠나? 우리가 병원에서 쓰는 의학적 방식은 수 세기에 걸친 경험에서 나온 성과이고 그에는 다 이유가 있어. 여긴 내 병원이고 그 안에서 일어나는 모든 일을 나는 알고 있어."[13]

위 대화에서 보듯 월콧 학장은 아담스에게 의학 지식의 권위를 들어 무조건 권력에 복종하라고 명령하고 있을 뿐이다.

지식이 사회발전의
도구가 되려면

지배 집단은 흔히 사회변동을 들먹이며 더 유용한 지식을 선택해야만 사회발전을 이룰 수 있다고 말한다. 사회변동은 의식주와 관련된 물질적 생활양식과 가치와 규범, 사회적 관계와 제도 등 비물질적 요소를 포함한 사회구조의 전반적인 변화를 의미한다. 그 원인으로 과학과 기술의 발전, 집단 간 갈등, 가치관이나 이념의 변화, 인구구조의 변동, 자연환경의 변화, 새로운 문화요소의 등장을 꼽을 수 있다. 각 사회의 변동의 형태와 방향, 속도는 다양하고 한 영역이 변화되면 연쇄적으로 다른 분야의 변동까지 이어진다. 우리의 예를 들면 노동시장에서 여성의 취업이 늘자 여성의 경제적 지위가 상승하여 성차별 저항운동이 확산되었고 결국 호주제가 폐지되었다.

'사회변동'과 '사회발전'은 다르다. 사회변동은 있는 그대로 객관적인 변화이지만 사회발전은 어떤 바람직한 상태를 전제한 후 그 방향으로 나아가는 합목적적인 과정이다. 따라서 어떤 사회에서 사회발전이 이뤄지려면 사람들의 삶이 물질적으로나 정신적으로 나아져야 한다. 즉 교육당국이 4차 산업혁명에 따른 사회발전을 위해 사실적, 개념적 지식보다 절차적 지식을 강조하며 교육과정, 수업, 평가의 틀을 모두 바꿔야 한다고 했으면 지금쯤 교사, 학생, 학부모의 삶은 과거에 비해 나아졌어야 한다. 하지만 현실은 그와 전혀 다르다. 예컨대 우리 교육에서 지역이나 이념, 계층과 상관없이 손꼽는 문제인 사교육비 부담은 더욱 늘어났다.

유용한 지식일수록 의심해봐야

지식의 유용성을 말할 때 빠뜨릴 수 없는 철학이 '프래그머티즘Pragmatism'이다. 프래그머티즘은 다른 어떤 철학보다도 지식의 유용성을 내세우지만, 지배 집단이 그 유용성을 집단의식 조작 도구로 쓰면서 어떻게 현실의 문제를 감추는지 분명히 보여준다. 프래그머티즘을 교육적으로도 꼼꼼히 살펴야 하는 이유는 한국 교육에서 유행하는 '구성주의構成主義, 학습자가 스스로 자신의 경험으로부터 자기만의 지식을 구성한다는 이론'가 이를 토대로 만들어졌기 때문이다.

　프래그머티즘은 그리스어로 '행위' 또는 '실천'을 의미하는 '프라그마Pragma'에서 유래했다. 미국의 철학자 찰스 퍼스Charles Peirce 는 1878년《Popular Science Monthly》1월호「우리의 관념을 어 떻게 명료하게 할 수 있을 것인가?」라는 논문에서 "사고의 가치 는 행위에 있으므로 어떤 사고가 유용한가는 행위를 보면 판단할 수 있다."고 발표했다.[14] 그 후 그의 친구인 윌리엄 제임스William James를 거쳐 대중화되고 존 듀이John Dewey에 의해 미국을 대표하 는 국민 철학이 되었다.[15] 듀이에 따르면 지식의 유용성은 경험에 따라 수용되거나 배제되기 때문에 진리는 하나일 수 없다.

> 어떤 지식이 올바른지 아닌지를 판단하기란 어렵다. 진리도 하
> 나일 수 없다. 어떤 개념이든 가설이고 이 때문에 행동과 실천
> 을 통해 검증되고 수정되어야 한다. 그 과정이 진리의 진화다.
> 그러나 적어도 유용한 지식이 옳은 지식이라는 견해를 부정할
> 수 없다. 지식은 오직 유용해야만 한다. 같은 사물이라도 상황
> 에 따라 유용성은 달라지기 때문에 어떤 지식이 유용하냐는 경
> 험에 의존할 수밖에 없다. 그럴 때만이 도움이 되지 않는 지식
> 을 수정할 수 있다.[16]

프래그머티즘에 크게 영향을 끼친 사상은 영국의 철학자 허버 트 스펜서Herbert Spencer의 '사회적 진화론'이다. 스펜서는 다윈의 '적자생존의 원리'를 사회변동에 적용하였고 경쟁에서 진 패자 를 시장의 선택을 받지 못해 솎아진 개체로 설명한다. 사회적 진

화론은 주로 미국 사회의 지도층이나 기업가들이 높은 지위와 부를 정당화하기 위해 적극적으로 수용했다. 미국 내 정유소의 95퍼센트를 지배한 존 록펠러^{John Rockefeller}는 빈번하게 기업의 성장을 적자생존에 비유했다. 당시 최대 철강 트러스트를 이끌었던 앤드류 카네기^{Andrew Carnegie}는 심지어 스펜서의 제자를 자청하기까지 했다.[17]

프래그머티즘은 남북전쟁 이후에 자본주의가 급격하게 발달하던 시기에 특히 주목을 받았다. 당시에 미국 사회는 서부 개척이 완성되고 국내 시장은 철도망으로 연결되어 급속도로 성장이 진행되던 시기였다. 하지만 이민자의 대량 유입, 자본 확장에 따른 노동자의 빈곤과 차별, 노동운동의 조직화, 인종 갈등으로 혼란스러운 현실은 지배 집단에게는 큰 부담이었다. 더구나 1898년에 벌어진 스페인과의 전쟁 이후 제국주의 방식으로 시장을 확장하려고 했기 때문에 내부적으로 국민적 합의는 절박하고 시급했다.[18] 이 과제는 지배 집단에게 쉽지 않았다. 기득권을 그대로 유지하고 내부적 통합을 이루자니 소수 집단이 반발할 것 같고, 그들을 무시하고 억압적으로 과제를 해결하자니 정치적으로 상당한 부담이었다.

이처럼 지배 집단이 궁지에 몰린 상황에서 프래그머티즘이 유력한 대안으로 떠올랐다. 프래그머티즘은 지배 구조를 유지하면서도 미국인을 사상적으로 통일하는 데 매력적이었다. 당시 미국인은 '과학적 진리'와 '종교적 신앙' 간에 충돌할 때 어떤 지식을 따라야 하는지 고민이 많았다. 프래그머티즘은 이 문제를 해결하기 위한 처방으로 이성적 합리성이나 논리적 무모순성보다는 다수결 원칙과 지식의 유용성을 제시했고 다수가 받아들였다.[19] 지배 집단은 이러한 사회적 흐름을 놓치지 않았다. 사회 문제에 대해 다수가 유용하다고 선택한 지식과 이데올로기를 공정한 대안으로 삼는 데 안성맞춤이었다. 프래그머티즘의 유용성 원리는 지배 구조를 바꾸지 않으면서도 계급적, 이데올로기적 갈등을 해결해줬고, 그 덕택에 미국에서 프래그머티즘은 최고의 현대철학이라는 지위를 다질 수 있었다. 따라서 프래그머티즘의 유용성은 흔히 생각하는 순수한 유용성이 아니다.

그렇다고 듀이의 프래그머티즘을 모두 그르다고 할 수는 없다. 그가 사회발전의 동력으로 인정한 '창조적 지성'은 새로운 자극을 주체적으로 인식하고 최적의 선택을 유도하기 때문에 매우 유용하다.[20] 어떤 목표라도 민주적 대화와 설득을 통해 그 가치를 실현해야 하며 교육이 지대한 역할을 해야 한다는 주장도 받아들일 만하다. 다만 프래그머티즘이 더 유용한 지식을 배우라고 설득하는 이면에는 지식의 상대성과 애매함을 활용하여 소수 집단의 저항을 억압하고 권력을 유지하려는 욕망이 숨어 있음을 부인하기 힘들다. 그렇게 유용하다는 사회규범이나 사회제도는 계급사회에서 이미 지배 집단의 이익과 가치관을 반영하고 있으며 권력 재생산의 수단으로 쓰인다.

요컨대 실용적 지식을 역설하는 지침만으로는 지식의 정당성을 보증할 수 없다. 지식을 사회생활에 필요한 도구로 인식하여 어느 지식이 더 유용한지 정할 때는 사회 성원 간에 개방적이고 합리적인 대화와 토론을 하고 그 실제적 성과를 꼼꼼하게 살펴 결정해야 한다. 아무리 새롭거나 유용해 보이고 다수가 형식적으로 동의한 지식이라고 해도 이론적으로 정교함과 논리성을 갖추고 실제로 다수의 삶을 더 나아지게 했을 때만 사회발전의 도구로써 정당하다.

지식 속에 숨겨져 있는
교육적 함의

지금까지 지식의 불확실함과 지식의 유용성이 형성되는 과정을 통해 지식이 어떻게 '진리의 틀'에 갇히게 되었는지 살펴봤다. 아울러 그 지식을 맹신하며 학습했을 때 나타날 수 있는 여러 문제를 푸코의 지식관과 프래그머티즘을 들어 밝히려고 했다.

지난 수년에 걸쳐 교육당국은 '디지털 네이티브Digital Native, 어린 시절부터 디지털 환경에서 성장한 세대'로 불리는 지금의 학생들은 경험을 통해 학습해야 한다고 강조해왔다. 교사에게 어떻게 하면 학생들 스스로 지식을 구성하게 만들지 더 고민하고 자율, 놀이, 체험 등에서 해답을 찾으라고 주문했다. 하지만 교육당국의 기대와는 달리 학교 현장에서 '기초학력 미달' 학생의 비율은 늘었다. 교육부가 발표한 「2019년 국가수준 학업성취도 평가 결과(2019. 11. 29)」에 따

◀ 2003~2019 국가수준 학업성취도 평가 기초학력 미달 비율(%)

구분 방식/연도		중학교			고등학교		
		국어	수학	영어	국어	수학	영어
표집	03	6.0	11.5	5.2	8.7	10.0	6.6
	04	6.1	8.7	3.5	6.4	9.3	5.0
	05	4.4	3.6	3.6	4.0	8.2	2.7
	06	7.4	6.9	4.9	4.3	10.4	4.9
	07	5.8	7.2	3.6	5.7	7.1	3.2
전수	08	9.0	12.9	6.6	5.5	8.9	6.1
	09	4.6	10.9	5.0	2.3	6.1	3.7
	10	3.2	6.1	3.9	4.0	4.3	3.7
	11	1.4	4.0	1.3	2.0	4.4	3.6
	12	1.0	3.5	2.1	2.1	4.3	2.6
	13	1.3	5.2	3.4	2.9	4.5	2.8
	14	2.0	5.7	3.3	1.3	5.4	5.9
	15	2.6	4.6	3.4	2.7	5.6	4.5
	16	2.0	4.9	4.0	3.3	5.3	5.2
표집	17	2.6(0.17)	7.1(0.32)	3.2(0.22)	5.0(0.47)	9.9(0.70)	4.1(0.37)
	18	4.4(0.26)	11.1(0.41)	5.3(0.29)	3.4(0.35)	10.4(0.66)	6.2(0.51)
	19	4.1(0.28)	11.8(0.44)	3.3(0.24)	4.0(0.40)	9.0(0.59)	3.6(0.35)

※ 2015~2019년 고등학교 결과분석에 특수목적고 제외
※ 통계적 유의도는 95% 신뢰구간(표본의 통계치±1.96*표준오차)을 활용함, 괄호 안 표준오차 제시
※ 출처 및 참조: 교육부 보도자료 「2019년 국가수준 학업성취도 평가 결과」
　　　https://neweducation2.tistory.com/3743

르면 초·중·고 교육에서 사실적 지식과 관련된 학력 격차는 계속 벌어졌다.[21] 이 추세만 봐도 우리 사회에서 가난한 집 학생들이 더욱 가난해지는 불평등한 구조가 더욱 깊어지지 않을까 우려스럽다.

기초학력에 미달하는 학생은 대체로 교과 지식을 거의 이해할 수 없을 정도로 학력 수준이 낮다고 보면 된다. 전체 학생에서 일부만 표본으로 추출해 평가하기 시작한 2017년도에 비해 2018년에는 중학교 국어, 수학, 영어에서 성취율 20퍼센트 미만인 기초학력 미달 비율이 큰 폭으로 늘어났으며 2019년에도 거의 달라지지 않았다. 중학교, 고등학교에서 영어는 줄었지만 국어와 수학은 전년도와 비슷했고, 중학교 수학은 전수조사였던 2008년도를 제외하고는 2019년 기초학력 미달 비율이 가장 높다.

기초학력 미달의 바로 윗구간인 '기초학력' 수준에 속한 학생도 지식을 다른 상황에 잘 전이한다고 보기는 어려운데, 두 수준을 합쳐 '보통학력 미달'이라고 부르며 이를 통해 학력 격차를 실감할 수 있다. 2019년 보통학력 미달 비율은 전년도에 비해 대도시와 읍면으로 구분하면 고등학교에서 국어는 4.9와 3.9, 수학은 5.2와 3.3, 영어는 대도시에서 3.6의 비율로 크게 늘어났다. 물론 영어가 읍면 지역에서 1.2로 줄었지만 오차 범위 안이었다. 그나마 중학교에서 국어가 2.5, 영어가 5.0 이상 줄어 다행스럽다.

2010년 교육감 직선제를 처음으로 실시할 때와 비교해보면 당시 기초학력 미달 비율은 중학생은 국어 3.2, 수학 6.1, 영어 3.9, 고등학생은 국어 4.0, 수학 4.3, 영어 3.7이었다. 반면 2019년에 중학생은 4.1, 수학 11.8, 영어 3.3, 고등학생은 국어 4.0, 수학 9.0, 영어는 3.6으로 중학생과 고등학생에서 '수포자(수학을 포기한 학생)'의 비율이 눈에 띄게 커졌다. 교육부가 2025년 전면 실시

◀ 2017~2019년 지역규모별, 학교급별 성취수준 비율(%)

연도	구분	중3						고2					
		국어		수학		영어		국어		수학		영어	
		대도시	읍면	대도시	읍면	대도시	읍면	대도시	읍면	대도시	읍면	대도시	읍면
2017	보통학력이상	86.2	81.5	71.9	57.8	76.4	64.2	77.2	68.7	78.4	70.4	83.9	75.3
	기초학력	11.1	15.3	21.6	34.5	20.7	32	17.7	24.2	12.6	16.4	12.4	18.4
	기초학력미달	2.7	3.2	6.5	7.7	2.9	3.8	5.1	7.1	9.0	13.2	3.7	6.3
	보통학력미달	13.8	18.5	28.1	42.2	23.6	35.8	22.8	31.3	21.6	29.6	16.1	24.7
2018	보통학력이상	82.4	79.6	66.8	55.7	70.1	60.4	82.6	78.8	73.4	64.4	83.6	74.2
	기초학력	13.2	16.1	22.9	31.6	24.6	34.4	13.4	18.0	17.2	23.1	10.9	19.0
	기초학력미달	4.4	4.3	10.3	12.7	5.3	5.2	4.0	3.2	9.4	12.5	5.5	6.8
	보통학력미달	17.6	20.4	33.2	44.3	29.9	39.6	17.4	21.2	26.6	35.6	16.4	25.8
2019	보통학력이상	84.9	79.6	64.9	51.8	75.4	65.9	77.7	74.9	68.2	61.1	80.0	75.4
	기초학력	11.3	15.5	24.8	33.0	21.2	30.5	18.4	22.0	24.2	29.6	16.4	21.6
	기초학력미달	3.8	4.9	10.3	15.2	3.4	3.6	3.9	3.1	7.6	9.3	3.6	3.0
	보통학력미달	15.1	20.4	35.1	48.2	24.6	34.1	22.3	25.1	31.8	38.9	20	24.6
증감비율	2018	3.8	1.9	5.1	2.1	6.3	3.8	-5.4	-10.1	5.0	6.0	0.3	1.1
	2019	-2.5	0	1.9	3.9	-5.3	-5.5	4.9	3.9	5.2	3.3	3.6	-1.2

※ 보통학력 미달 = 기초학력 + 기초학력 미달
※ 출처 및 참조: 교육부 보도자료 「2019년 국가수준 학업성취도 평가 결과」

를 예고한 '고교학점제'와 관련해 미국이나 독일, 캐나다처럼 진급이나 졸업의 기준을 중앙값인 50퍼센트, 핀란드나 덴마크처럼 40퍼센트 수준으로 정한다면 2019년 기준 보통학력 미달 비율은 국어 23.7, 수학 35.3, 영어 22.3로 평균 열 명 중 2.7명은 별도 과제를 수행하거나 보충수업을 받지 않으면 졸업이나 진급을 할 수 없다.[22]

이처럼 기초학력 미달 비율과 보통학력 미달 비율이 늘어난 데는 여러 원인이 있다. 그 가운데 하나는 교육당국과 교사가 '학생

◀ 고교학점제 해외 사례

구분	미국	핀란드	영국	캐나다	프랑스	싱가포르	한국
졸업 요건	학점이수 졸업시험	학점이수 졸업시험	졸업시험	학점이수 졸업시험	졸업시험	학점이수 졸업시험	출석일수
내신	절대평가	절대평가	절대평가	절대평가	절대평가	절대평가	상대평가
대입	SAT 고교내신	고교내신 졸업시험 대학별 시험	고교내신 졸업시험	고교내신 졸업시험	고교내신 졸업시험	고교내신 졸업시험	수능시험 고교내신 대학별 시험

※ 출처 및 참조: 《한겨레》(2017. 12. 8) / 경기도교육연구원 자료

중심교육'의 초점을 '자율교육'으로만 이해한 데 있다. 학생중심
교육에서 "학생이 교육의 주체이고 교사는 학생이 관심사를 프
로젝트로 삼아 완성할 수 있도록 도와주는 코치다."라는 주장은
한편으로는 맞는 말이지만 학생이 반드시 알아야 할 보편적 지식
이나 규율이 존재한다는 사실을 간과한다. 학생들은 공동체 삶을
위한 기본 지식을 배워야 하고 각자의 경험을 구성한 특수한 지
식과 조화를 이룰 때 온전한 주체로 성장할 수 있다. 인간의 삶이
공동체에 뿌리를 두고 있다면 개별적이고 특수한 지식과 자유로
운 학습만으로는 삶에서 필요한 능력을 제대로 배울 수 없다. 즉
인간은 공동체를 선택하기 이전에 이미 특정한 공동체에서 태어
났고, 공동체가 추구하는 가치와 목적의 영향 아래 바람직한 역

할을 요구받으며 살아가는 연고적 자아이다.

구성주의가 말하는 개인의 고유한 상황을 반영한 '맥락적' 지식을 확대해석하는 데도 원인이 있다. 교육당국 일각과 이에 동조하는 교사는 학생들에게 어떤 지식도 직접적으로 말해줘서는 안 되고 스스로 지식을 구성하도록 해야 한다고 본다.[23] 하지만 구성주의를 이렇게 해석하는 태도는 앎에 대한 이론과 교육 이론을 혼동하는 것에 불과하다. 교사가 공동체 삶의 기본 지식을 가르치고 학생들이 이를 학습하는 일은 이미 새로운 지식을 구성하려는 자율적이고 의욕적인 노력에 속한다.[24]

요컨대 교육당국은 교육과정에서 역량을 중시하더라도 공동체 경험이 녹아 있는 사실적, 개념적 지식을 충분하게 가르치고 배우도록 권장해야 한다.

CHAPTER 2

'기억'은
가장 인간답고
으뜸인 학습이다

기억은
인류를 지키는 유전자

최근 "학생들이 상자 밖에서 행동하도록 교육하라."는 구호가 교육계 안팎에서 자주 오르내린다. 4차 산업혁명 시대에는 지식을 인공지능으로 검색하고 활용할 수 있으니 지식을 기억하는 교육보다는 창의력 교육을 하라는 뜻이다. 영남대학교 교육학과 김재춘 교수의 책『학교의 미래, 미래의 학교』에 나오는 다음 대목은 이를 분명하게 보여준다.

기억이 중요했던 시절은 지나갔다. IBM의 왓슨은 미국 제퍼디 쇼에서 퀴즈왕으로, 구글의 알파고는 세계바둑챔피언과의 대결에서 바둑왕으로 등극했다. 기억은 반복을 강조하여 인간을 지루하고 헐벗은 삶으로 이끈다면 상상은 차이생성을 강조함으로써 흥미진진하고 풍성한 삶으로 이끈다. 교육을 통해 어떤 인간을 기를 것인가? 기억하는 인간을 기를 것인가, 상상하는 인간을 기를 것인가? 과거 지향적인 인간을 기를 것인가, 미래 지향적인 인간을 기를 것인가? 반복하면서 무료하게 살아가는 인간을 기를 것인가, 매 순간 새로움을 상상하면서 흥미진진하게 살아가는 인간을 기를 것인가?[1]

기억 교육을 그만두면 진짜로 매 순간 새로움만 상상하면서 흥미진진하게 살아갈 수 있을까? 교육당국이 강조하는 것처럼 '지식을 뇌에 넣는 교육'을 그만 멈춰야 할까? 이에 대해 미국의 인지과학자 대니얼 윌링햄 Daniel Willingham 은 전혀 다른 의견을 내놓는다.

인간은 호기심이 많지만 생각하는 재주는 뛰어나지 못하다. 사람들이 자주 생각하지 않는 까닭은 뇌는 생각하는 용도로 설계되지 않았고 오히려 생각하는 수고를 덜어주도록 만들어져 있기 때문이다. 따라서 인간이 생각하는 정신활동은 어렵고 속도도 느리고 믿을 만한 작업도 아니며 적절한 인지적 조건이 뒷받침되지 않으면 싫어한다. 그런데도 우리가 하루하루를 무사하게 보낼 수 있고 수백 가지 결정을 할 수 있는 까닭은 주로 기억에 의존하여 살아가기 때문이다. 자주 부딪치는 문제는 언젠가 풀어본 문제이므로 예전 방식처럼 다시 풀면 된다.[2]

기억은 일상에서 필수적인 능력이며 기억 능력이 낮을수록 삶은 고통스럽다. 또 기억에 의존하는 삶보다는 매번 새로운 방식으로 일상의 문제를 해결하는 것이 꼭 좋은 것만도 아니다. 요리할 때 무를 자르거나 점심시간에 음료수를 사는 일마저 새로운 눈으로 보려고 한다면 몇 번은 흥미로울 수 있지만 얼마 지나지 않아 지칠 것이다. 인간에게 기억이 없다면 일상에서 기본적인 생활은 불가능하고 문화를 창조하여 문명으로 남겨주기는커녕 자신의 유전자도 다음 세대로 물려줄 수 없다.

기억 중에서 '일화기억'과 '의미기억'으로 나뉘는 소위 '외현기억Explicit Memory, 의식적으로 회상하거나 인지가 가능한 장기기억'은 특히 우리 삶에 중요하다.

일화기억은 삶 전체의 계획과 조절에 관여하는 수준 높은 기억으로 진화와 밀접하다. 인간은 진화의 어떤 시점에서 전두엽이 커졌고 이전과 달리 의식주와 관련된 경험을 세세하게 기억할 수 있게 되었다. 동물처럼 즉각적으로 반응하거나 같은 패턴을 반복하는 삶을 벗어나 새로운 시선으로 세상을 이해하고 경험을 전이할 수 있게 된 것이다. 먹이나 은신처를 찾는 데만 머무르지 않고 어떤 일이 즐겁고 위험하다는 것을 기억하여 다음 사냥이나 거주지를 찾을 때 활용했다.[3]

의미기억 또한 단순히 일반적, 추상적 지식에 관련된 기억으로만 볼 수 없다. 현생인류 사피엔스는 의미기억 덕택에 네안데르탈인과의 생존 경쟁에서 승리할 수 있었다. 사피엔스는 의미기억의 범위가 넓어 자연에 정령이 깃들어 있다고 생각하는 등 허구적 대상을 상상하고 이를 통해 서로 협력함으로써 매머드까지 잡는 큰 집단을 구성할 수 있었다. 반면 네안데르탈인은 의미기억의 범위가 좁아 소통과 협력에 한계가 있었고 사슴을 잡는 정도의 소규모 집단만 구성할 수밖에 없었다.[4]

기억하는 힘이 배움의 수준이다

기억은 교육에서 매우 중요하게 다뤄져야 할 주제이다. 인간은 기억하는 능력이 뛰어나기 때문에 교사의 가르침과 학생의 학습이 실현될 수 있다. 학교에서 어린 학생들이 충동적으로 행동하는 원인도 어떤 측면에서는 지식을 기억하는 학습이 더디기 때문이다. 특히 기억은 교수·학습법과 밀접해 교사가 기억의 메커니즘을 잘 알면 더 쉽게 지식을 기억하고 오랫동안 활용할 수 있는 방법으로 가르칠 수 있다.

스탠퍼드대학교 교육대학원 조 볼러 Jo Boaler 교수는 '작업기억 Working Memory'의 특성을 활용한 깊고 유연한 학습을 권장한다. 그는 영국의 위릭대학교 교수 에디 그레이 Eddie Gray와 데이비드 톨 David Tall이 7세에서 13세까지 학생들을 대상으로 실험했던 연구 결과를 인용한다. 학생들을 학업 성취도에 따라 상위 수준, 평균 수준, 하위 수준 세 그룹으로 구분하고 '7+19'의 값을 계산하는 문제를 풀게 했다. 그 방식은 '하나하나 모두 세기', '특정 숫자에서 시작해 하나씩 세어나가는 일부만 세기', '수학적 패턴이나 공식 적용하기'였다. 그 결과 상위 수준 학생은 패턴, 공식 순으로, 하위 수준 학생은 일부만 세기, 모두 세기 순으로 문제를 풀었다.[5] 이처럼 배움에서 성취수준은 기억의 방식을 기계적 기억인 '암기'로 하는지 아니면 보다 유연한 '논리적 기억'이나 '도식적 기억'으로 하는지에 따라 달라진다.

요컨대 기억과 기억의 방법은 배움의 수준과 밀접하다. 배움을 높이려면 기억에 의존해야 하고 기억 방식을 작업기억의 부담을 줄이는 방향으로 선택해야 한다. 배움에서 목표와 성취기준은 집단, 시대, 지역에 따라 다르지만 지식을 기억해가면서 메타적 사고를 하고 장기기억의 수준을 높여야만 학습 수준을 높일 수 있다.

기억 교육을 왜곡하는
미신

교육당국이 '기억 교육'을 왜곡하면서 근거로 삼는 세 가지 구호는 '인공지능', '주입식 교육', '구성주의'이다. 이것들과 관련된 이야기는 일면 그럴듯하지만 찬찬히 들여다보면 '허구'라는 사실을 알 수 있다.

인공지능에 대한 미신은 1997년 IBM의 슈퍼컴퓨터 '딥 블루'가 당시 체스 세계챔피언인 게리 카스파로프 Garry Kasparov를 이기면서 시작되었다. 2016년 구글의 알파고가 바둑의 최강자 이세돌을 이겼을 때는 더욱 매력적인 미신이 되었다. 인공지능 전문가 중 일부는 "인공지능이 머지않아 인간의 뇌를 따라잡아 체스나 바둑만이 아닌 지능과 관련된 모든 영역에서 인간의 지능을 압도한다."고 예측했다.[6]

교육당국 역시 앞으로 인공지능이 인간의 기억 능력을 대체할 것으로 믿으며 교육과정을 '지식'에서 '역량'을 중시하는 쪽으로 바꿔야 한다고 말해왔다. 하지만 이런 믿음은 인공지능의 특징을 제대로 이해한다면 재고될 수밖에 없다. 즉 인지 기술의 급격한 발달로 기계가 인간의 직업을 대체할지 모른다는 불안감이 과도하게 증폭된 탓이 크다. 인공지능은 인간의 뇌에 비교되지만 사실 고성능 컴퓨터일 뿐이고 하드웨어가 첨단을 달린다고 해도 뇌와 같아질 수 없다. 컴퓨터의 연산 과정은 뇌의 신경세포에서 일어나는 일과 비슷해 보이지만 더 많은 정보를 더 빠르게 처리할 날이 올 것이라는 예측은 지나치다. 그런데도 이 미신은 확고부동한 진리처럼 널리 퍼진 상태이다.

미래학자 레이 커즈와일 Ray kurzweil도 그의 저서 『특이점이 온다』에서 2045년쯤에는 인공지능이 인간 지능의 수준을 뛰어넘는 '기술적 특이점 Technological Singularity'이 온다고 예측한다.[7]

인간의 뇌에는 대략 천억 개의 신경세포가 있고 하나마다 약 천 개의 시냅스가 있으므로 대략 시냅스는 백조 개에 달한다. 시냅스와 트랜지스터는 논리적 연산을 구현하기 위해 유사한 역할을 하므로 인간의 뇌는 백조 개의 트랜지스터를 포함한 중앙처리장치와 유사한 성능을 갖는다. 만약 마이크로 칩의 성능이 무어의 법칙에 따라 2년마다 두 배로 늘어난다면 대략 30년 정도 후에는 보통의 컴퓨터에서 중앙처리장치의 성능이 인간

의 뇌와 비슷한 수준에 이를 수 있다.[8]

그러나 이런 예측과 달리 특이점이 올 가능성은 거의 없다. 그 이유는 다음과 같다.

첫째, 인공지능은 우리의 짐작과는 달리 일정한 조건 내에서만 문제를 풀 수 있다. 문제가 체스나 바둑에서처럼 뚜렷해야 하며 정답과 오답을 가릴 수 있어야 한다. 따라서 인공지능은 스스로 문제를 제시하거나 판단할 수 없고 동물의 신경계처럼 생존과 번식에 관련된 다양한 문제를 종합적으로 해결할 수 없다. 설령 인공지능이 복잡한 환경에 대처할 수 있도록 개발된다고 해도 조만간 우리의 일상에 들어올 확률은 매우 낮다.[9]

둘째, 인공지능은 어떤 문제라도 자신을 위해 해결하지 않는다. 이제까지 모든 인공지능은 인간의 목적, 특히 개발자의 이익을 위해 개발되었고 앞으로도 그렇다고 본다. 기업은 이윤을 극대화하기 위해 착한 인공지능이 아니라 더 많이 팔리는 인공지능을 연구하고 만들어낼 수밖에 없다.[10] 그러니 개인의 지위나 부를 가리지 않고 언제든 척척박사처럼 삶의 문제를 해결해주는 인공지능이 만들어질 것이라는 믿음은 비현실적인 미신에 불과하다.

셋째, 뇌과학이 상당히 발달했어도 우리는 인간의 뇌가 어떻게 정보를 처리하고 저장하는지 완전하게 알지 못한다. 지금까지 알려진 뇌에 대한 지식은 매우 유용하지만 그럴듯한 추측일 뿐이고 실제로 시냅스의 구조는 단순한 스위치의 역할을 하는 트랜지스터와는 다르다. 시냅스는 뇌가 과제에 따라 적절한 반응 방식을 찾을 수 있도록 가변적이기 때문에 단순하고 일정하게 신호를 전달하는 트랜지스터와 같을 수 없다. 우리의 뇌가 인식한 모든 정보를 0과 1로써 수학적 수식으로 바꿔 설명할 수 없다는 뜻이다.[11] 즉 인공지능이 과제를 수행하려면 정보를 수학적 논리, 확률, 통계를 통해 계산 가능한 수식으로 바꿔야 하지만 세상에는 이런 방식으로 설명될 수 없는 현상이 무궁무진하다. 주식 가격이나 대통령 선거의 방향만 보더라도 인간의 의지에 따른 상황은 주사위의 눈이 나올 확률과는 다르게 논리만으로 예측할 수 없다.[12] 게다가 감각적 판단은 더욱 예측할 수 없다. 인간은 "나는 당신을 좋아해."와 "나는 카레를 좋아해."라는 말에서 '좋아해'의 느낌을 비교적 세밀하게 구분할 수 있지만 컴퓨터는 아무리 많은 데이터를 입력해도 표준화된 감각만을 설명할 수 있다.

인공지능이 지능이 높고 우리에게 무한한 상상력을 끌어내는 도구라고 해도 결국 입력에 반응하여 출력하고 그 의미를 이해하는 척하는 계산기일 뿐이며 계산 범위도 제한적이다. 인지과학 덕택에 앞으로 뇌의 작동 원리를 완전하게 이해하여 인공지능이 인간의 지능을 넘어선다는 기대는 그럴듯해 보이지만 실현될 수 없다.[13]

인공지능과 관련해 우리가 꼭 기억해야 할 사실이 또 하나 있다. 앞으로 인공지능 기술이 더욱 고도화되고 사람들이 관련된 상품을 더 많이 소비하더라도 '인간의 지능'은 개발되지 않는다는 점이다. 인공지능의 기억력이나 문제해결 능력에만 의존한다면 인간의 지능 발달은 차츰 더뎌지고 지능의 양극화와 이에 따른 사회적 불평등을 피할 수 없다. 따라서 초·중·고 교육에서 지식 기억을 인공지능으로 대체할 수 있다는 믿음은 무척 위험한 사고이며 권력과 자본의 이익에 충실한 도구로 악용될 수 있다는 우려를 하지 않을 수 없다.

기억 교육과 주입식 교육은 다르다

기억 교육을 의심하는 다른 원인으로 '주입식 교육'이 있다. 주입식 교육은 교사가 지식을 일방적으로 선정하여 집어넣는 교수법을 의미한다.[14] 이런 교육은 학생들에게 학습 흥미를 북돋거나 비판적, 창의적으로 사고하게 만들거나 시민 의식을 높일 수 없다. 흔히 기억 교육을 주입식 교육과 같은 개념으로 보지만 그 본질은 전혀 다르다. 두 교육 방식은 뇌에 지식을 집어넣는다는 측면에서 비슷해 보이지만 주입식 교육은 교사가 특정한 목적을 갖고 암기를 수단으로 끌어들였다는 차원에서 다르다. 광주교육대학교 박남기 교수는 "두 교육을 같은 시선으로 두는 일은 교육에 대한 왜곡이다."라며 "유아 욕조의 물이 더럽다며 버리라고 했더니 아이까지 함께 버리고 있다."고 비판한다.[15] 기억 교육을 비난하려면 국가수준 교육과정이나 교사의 교육 내용이 자연과학적 사실이나 민주주의, 인권, 자유, 평등, 정의 등 인류의 보편적 가치에 어긋났는지를 실증적으로 검토해야 한다. 만약 어긋났는데도 학교에서 그 내용을 기억하도록 강요한다면 그것이 바로 주입식 교육이다.

현실적으로 교사는 주입식 교육을 할 수 없다. 우리나라 교육은 법령에 따라 국가수준 교육과정을 토대로 운영되기 때문에 교사가 교육 내용을 일방적으로 선정하여 가르칠 수 없다. 초·중등교육법 제23조 2항은 "학교 교육과정에서 다루는 교육의 목표와 내용, 교육과정의 운영 및 평가는 법적 구속력을 갖춘 국가수준의 지침을 따라야 한다."고 명시하고 있다. 다만 교육청과 학교는 교육과정이 교육 목적 달성에 필요한 제도이기 때문에 국가수준 교육과정을 지역 및 학교의 실정에 적합하도록 재구성하는 범위 안에서 새로 편성하고 운영할 수 있도록 되어 있다.[16] 다시 말해 어떤 교사라도 법령을 어겨도 될 정도로 권력의 비호를 받지 않는 이상 교사 개인의 주관적 가치관이나 특정한 이념에 따라 멋대로 교육할 수 없다.

그런데도 기억 교육을 주입식 교육이라고 매도해버리면 대중 감정에 호소하는 정치인의 말과 다르지 않게 된다. 사실 주입식 교육은 수업에서 체계적인 교수법을 쓰지 않는 교육을 빗대는 용어이기도 하다.[17] 교사가 그동안 학습 의욕이 낮은 학생들에게도 배움이 일어나도록 수업하기 전에 학습 수준을 파악하고 '정교화', '조직화', '심상화' 등 다양한 기억 전략을 구사하여 더 세심하게 가르쳤다면 이런 용어는 쓰이지 않았을 것이다.

교육당국의 구성주의적 학력관도 기억 교육을 주입식 교육으로 오해하도록 만들었다. 구성주의에 따르면 인간은 능동적인 존재로 어떤 상황도 주관적으로 맥락에 따라 해석한다. 그러다 보니 학습은 이미 정해진 지식을 기억하는 과정이 아니라 자신의 경험을 재구성하고 탐구하는 과정이며, 지식은 이에 따라 구성된 사고이자 고유한 경험이 된다. 교사도 오직 학생들 스스로 친구와 소통함으로써 경험적 대상에 대해 의미를 규정하고 자신의 역할과 정체성을 깨달을 수 있도록 수업해야 한다. 그러지 않고 교과서 지식을 그대로 가르치고 학생들에게 기억하라고만 하면 '거짓'이나 '허구'를 주입한 꼴이 되고 학생들의 삶과 동떨어진 더할 나위 없이 나쁜 교육이 된다. 만약 어떤 학생에게 교과서 내용이 지식이 되었다면 운 좋게 그의 경험과 일치했을 뿐이지 제대로 교육한 결과라고 볼 수도 없다.[18]

지식 기억은 배움의 씨앗이다

이처럼 구성주의를 따르더라도 기억 교육을 마냥 비난할 수는 없다. 학생이 고유한 맥락에 따라 경험을 누적하면서 지식을 구성해도 뇌에 정보가 들어와야만 어떤 형태로든 해석할 수 있다. 이를테면 '민주주의'라는 개념을 배울 때 계층에 따라 그 의미를 다르게 해석할 수 있지만 어떤 계층에 속하든 우선 민주주의의 '내포적 정의'나 '일반적 특징'을 제대로 기억해야만 자신의 상황에 맞는 특수 지식으로 재구성할 수 있다. 게다가 작업기억에서 주관적 지식으로 만들었어도 반복 학습을 통해 장기기억으로 저장해야만 필요에 따라 끄집어내 쓸 수 있다. 그런데도 다수의 교육청은 네이버, 구글 등 검색 엔진만을 신뢰하여 앞으로 인공지능으로 언제든 원하는 정보에 접근할 수 있으므로 기억세포 속에 지식을 저장할 필요가 없다고 말해왔다.

세계적인 교육석학 바실리 수호믈린스키Vasily Sukhomlinsky는 지식에 대해 이와는 전혀 다른 이야기를 하고 있다. 교육당국이 반드시 곱씹어봐야 할 내용이다.

> 지식은 기본적인 진리(사실, 규칙, 여러 가지 설명, 의존성, 상호 관계, 정의)를 일상적으로 기억한다는 의미를 포함한다. 지식은 일상에서 언제, 어디서나 쓰이기 때문이다. 만약 우리가 이런 지식을 이용할 수 없고 필요할 때 자기의 기억 속에서 찾아내지 못하면 앞으로 학습이나 지적 발달, 지적 노동을 할 수 없다. 또 지식은 인간이 반드시 기억하지 않더라도 지금까지 축적된 지식을 잘 이용할 줄 아는 기술이기도 하다. 이처럼 기억과 기술은 서로 연관되면서 구별되는 지식의 두 측면이다. [19]

특히 초등학교 교육에서 사실적 지식에 대한 기억은 매우 중요하다. 그 시기에 우리 아이들은 사실적, 개념적 지식을 충분하게 기억할 정도로 뇌가 발달되어 있지 않다. 하지만 교사는 주의력과 지식에 대한 기억력을 결합함으로써 '이해', '비판적 사고', '문화적 기억'이 발생한다는 학습과학 원리를 꼭 알고 있어야 한다. 그래야만 아이들이 점점 발달하면서 효과적으로 배움이 일어나게 가르칠 수 있다. 초등학교 교사가 거의 매일 학생들에게, 특히 저학년의 경우에 "그것을 잊어버렸나요?", "그건 꼭 기억해야 하는 거잖아요", "칠판에 선생님이 정리한 내용을 참고하라고 했죠?"라는 이야기를 반복하는 것만 봐도 지식 기억이 배움의 근본이라는 것을 바로 알 수 있다.

　교사는 학생들이 산만한 행동을 할 때 다양한 호기심이 드러나는 것이라며 긍정적으로만 여겨서는 안 된다. 지식에 대한 기억이 충분치 않아 스스로 조절할 수 없는 호기심은 시간이 지나면 반드시 시든다는 사실 또한 놓치지 않아야 한다. 수업 내용을 단순히 보거나 듣지 않고 기록하여 기억하는 '문화적 기억'과 체계적으로 정리하여 기억하는 '논리적 기억'은 추상적 개념 학습에 초석이 된다는 점도 잊어서는 안 된다.[20]

PISA 성적 하락은
비극

앞서 서문에서 잠시 언급했듯 국가 간 학력을 비교하는 지표로 'PISA'가 있다. 이 시험은 OECD^{경제협력개발기구}가 주최하여 3년마다 치러지는데 만 15세 학생의 읽기, 수학, 과학적 소양, 협업 능력을 측정하여 교육맥락변인과 성취도 사이의 관계를 파악한다. PISA는 국제적으로 권위 있는 시험이지만 평가 영역이 인지적 능력에 치우친다는 비판을 받기도 한다. 지난 2015년까지 읽기, 수학, 과학적 소양만 측정했고 2018년에 들어와서 협업과 관련된 문제를 추가했지만 여전히 예체능, 도덕성, 시민성 등은 평가하지 않는다. OECD는 이런 비판을 의식하여 올해 '창의력'을 시험과목에 넣을 예정이다.[21]

PISA 성적은 기억 교육을 주입식 교육과 동질화했을 때 나타

◀ PISA 2000~2018 영역별 순위와 평균점수 추이

구분			PISA 2000 43개국 (OECD 28개국)	PISA 2003 41개국 (OECD 30개국)	PISA 2006 57개국 (OECD 30개국)	PISA 2009 75개국 (OECD 34개국)	PISA 2012 65개국 (OECD 34개국)	PISA 2015 72개국 (OECD 35개국)	PISA 2018 79개국 (OECD 37개국)
읽기	평균점수		525	534	556	539	536	517	514
	순위	OECD	6	2	1	1~2	1~2	3~8	2~7
		전체	7	2	1	2~4	3~5	4~9	6~11
수학	평균점수		547	542	547	546	554	524	526
	순위	OECD	2	2	1~2	1~2	1	1~4	1~4
		전체	3	3	1~4	3~6	3~5	6~9	5~9
과학	평균점수		552	538	522	538	538	516	519
	순위	OECD	1	3	5~9	2~4	2~4	5~8	3~5
		전체	1	4	7~13	4~7	5~8	9~14	6~10

※ 출처 및 참조: 교육부 보도자료 「OECD 국제학업성취도 비교연구(PISA 2018) 결과」

나는 문제점을 그대로 보여준다. 2018년 PISA에 비회원국을 포함한 전체 79개 국가들이 참가했는데 우리는 읽기 6~11위, 수학 5~9위, 과학 6~10위로 2015년 읽기 4~9위, 수학 6~9위, 과학 9~14위와 비교하면 과학을 제외하고는 비슷한 수준이었다.[22] 교육부는 이 결과에 대해 '최상위권'으로 발표했지만 과장된 자화자찬에 불과하다. 2000년에 읽기 7위, 수학 3위, 과학 1위를 차지한 후 계속 최상위권을 유지했지만 2012년부터 읽기 3~5위, 수

구분		PISA 2006	PISA 2009	PISA 2012	PISA 2015	PISA 2018
읽기	6수준	-	1.0	1.6	1.9	2.3
	5수준	21.7	11.9	12.6	10.8	10.8
	2수준	12.5	15.4	16.4	19.3	19.6
	1수준	4.3	5.6	7.2	12.9	15.0
수학	6수준	9.1	7.8	12.1	6.6	6.9
	5수준	18.0	17.7	18.8	14.3	14.4
	2수준	15.2	15.6	14.7	17.2	17.3
	1수준	6.5	6.2	6.4	10.0	9.6
과학	6수준	1.1	1.1	1.1	1.4	1.8
	5수준	9.2	10.5	10.6	9.2	10.0
	2수준	21.2	18.5	18.0	21.7	21.0
	1수준	8.7	5.2	5.5	14.0	13.7

※ 출처 및 참조: 교육부 보도자료 「OECD 국제학업성취도 비교연구(PISA 2018) 결과」

학 3~5위, 과학 5~8위로 떨어졌고 계속 하락하는 추세이다.

더욱 심각한 문제는 과목별 성취수준에서 PISA 2012 대비 전반적으로 상위인 5수준 이상의 성취수준 비율은 감소하고, 하위인 2수준 이하의 성취수준 비율은 늘어나고 있다는 점이다.[23]

PISA 2018은 읽기 능력을 '읽기 즐거움', '읽기 능력', '읽기 어려움'으로 나누고 이에 대한 지수를 산출하여 비교했다.[24] 읽기 즐거움 지수는 읽을 때 태도를 알아보는 문항, 읽기 능력 지수는

◀ 읽기 비인지적 특성 관련 지수 - 대한민국, OECD

지수 구분	읽기 즐거움		읽기 능력 인지		읽기 어려움 인지	
	남	여	남	여	남	여
대한민국	0.2	0.3	-0.2	-0.2	0.1	0.3
OECD 평균	-0.4	0.2	-0.1	0.1	0.0	0.0

※ OECD 평균을 0, 표준편차를 1로 하여 표준화한 수치
※ 출처 및 참조: 교육부 보도자료 「OECD 국제학업성취도 비교연구(PISA 2018) 결과」

◀ 다양한 자료 읽기 활동 비율(%) - 대한민국, OECD

자료 구분	잡지	만화	소설류	비소설류	신문
대한민국	11.5	46.1	46.4	23.6	21.8
OECD 평균	18.5	15.1	29.0	20.7	25.4

※ '한 달에 몇 번'과 '일주일에 몇 번'에 응답한 학생의 비율
※ 출처 및 참조: 교육부 보도자료 「OECD 국제학업성취도 비교연구(PISA 2018) 결과」

자신을 유능한 독자라고 생각하는지를 알아보는 문항, 읽기 어려움 지수는 읽을 때 겪었던 어려움에 대해 알아보는 문항이었다. 우리나라는 남학생과 여학생 모두 OECD 평균보다 읽는 것을 즐거워했지만 스스로 독해력이 부족하다고 느끼고 있다. 특히 신문, 잡지 등 시사성 있고 논리적인 글보다 만화나 소설을 더 많이 읽고 있다.

OECD는 한국을 읽기 능력이 하락하는 국가로 분류하고 있다.[25]

◗ 국가 간 평균적인 읽기 능력 추세

Increasingly negative	Steadily negative	Negative, but flattening
PISA reading score	PISA reading score	PISA reading score
2000 2003 2006 2009 2012 2015 2018	2000 2003 2006 2009 2012 2015 2018	2000 2003 2006 2009 2012 2015 2018
대한민국 네덜란드 태국	호주 핀란드 아이슬란드 뉴질랜드	스웨덴

※ 출처 및 참조: www.oecd.org

◗ 읽기 점수 상위국에서의 학교 내, 학교 간 차이

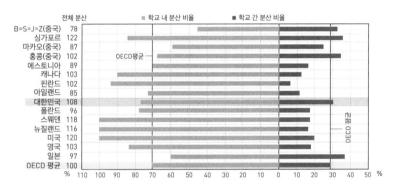

※ 전체 참여국 중 읽기 점수 상위 15개국의 결과를 내림차순으로 정렬
※ 출처 및 참조: 교육부 보도자료 「OECD 국제학업성취도 비교연구(PISA 2018) 결과」

학생 간 '학교 내 격차' 및 '학교 간 격차'는 OECD 평균보다 높
았다. 우리나라의 읽기 점수 분산에서 학생 간 성취수준 차이에
의한 '학교 내 분산 비율'은 77.2퍼센트로 OECD 평균인 71.2퍼

센트를 상회했다. 학교 간 성취수준 차이에 의한 '학교 간 분산 비율'의 경우에도 30.7퍼센트로 OECD 평균인 28.6퍼센트보다 높았다.[26]

부모의 사회적, 경제적 배경이 학생의 읽기 수준에 끼치는 영향을 보여주는 PISA 경제·사회·문화지위지표PISA Index of Economic, Social and Cultural Status, ESCS에서 우리나라의 분산 비율은 8.0퍼센트로 OECD 평균인 12퍼센트보다 낮았다.[27] 즉 우리나라 학생들의 읽기 능력은 하락하지만 읽기 성취도는 OECD 평균보다 높고 '엄마 찬스'나 '아빠 찬스'를 쓸 기회는 상대적으로 적다. 심지어 공평성 수준은 핀란드에 비해서도 낫고 독일과 스위스는 우리나라의 두 배 이상 교육적으로 불평등했다. 따라서 교육당국이 교육과정의 편성 및 운영의 모범적인 사례로 독일이나 스위스를 드는 것은 옳은 일이 아니다.

한편 읽기 능력을 새롭게 이해해야 한다는 의견도 있다. 핀란드만 보더라도 지난 수 세기 동안 훌륭한 문해력 국가로 알려져왔지만 현재 핀란드 청소년들은 읽기를 즐기지 않는다. 이런 현상에 대해 문해력 수준이 낮아졌다기보다 사회변동에 따라 청소년들의 읽기 취향이나 방식이 달라졌다고 볼 수도 있다. 이들은 이전 세대가 인쇄된 책과 잡지를 선호했던 것과는 달리 끊임없이 온라인으로 정보를 검색하고 SNS에 사진을 올리며 자신의 의견을 시각적으로 표현한다.

2016년 핀란드 교육과정도 이를 반영하여 언어, 시각자료, 오디오 몸짓, 공간 등 복합적인 커뮤니케이션과 정보를 이해하고 생산하며 평가하는 '다중문해력'이라는 개념을 도입했다.[28] 이로 보면 PISA의 읽기 능력에 대한 평가는 전통적 텍스트를 기준으로 삼는다는 문제점이 있으며 반드시 우리 학생들의 읽기 능력이 낮아졌다고만 평가할 수 없다. 또 정보통신기술의 발달을 고려하여 핀란드처럼 읽기 능력을 평가할 때 전통적 인쇄물 외에 다른 목적, 동기, 형식, 플랫폼을 가진 보다 다양한 유형의 콘텐츠로 확대할 필요가 있다. 그렇다고 우리 학생들의 읽기 능력 저하를 그대로 인정하자는 뜻은 아니다. 문해력은 모든 학습의 기초 능력이므로 이대로 방관할 수 없고 그 원인을 찾아야 한다.

책을 읽지 못하는 이유가 있다

읽기 능력 부진의 원인을 정확하게 진단하기는 쉽지 않다. 우선 문제 유형의 차이 때문일 수 있다. 한국에서 읽기 평가는 주로 주어진 지문을 읽고 정보를 파악하는 유형이지만 PISA 읽기 시험은 복수의 읽기 자료를 읽고 정보를 발견, 비교, 대조, 통합하는 능력을 측정한다. 이런 유형의 문제는 비판적 사고에 더욱 충실하다고 볼 수 있어 우리 학생들이 교과에 따른 교육 내용, 주제, 문제와 상관없이 사고 구조를 파악하는 보편적인 사고 기술이 부족했다고 평가할 수 있다.[29] 다른 원인으로는 초등학교 수준에서 학습해야 할 지식의 부족을 들 수 있다. 비판적 사고라는 기술을 잘 적용하려면 지식의 양이 넉넉해야 하는데 매우 부족했다는 의미이다. 물론 학생들이 책을 읽은 후 토론하거나 감상문, 논술문을 쓰는 등 깊이 있는 학습을 소홀했을 수 있다. 하지만 이런 주장을 쉽게 받아들일 수 없는 이유는 최근 10년 동안 국어 수업은 역량 학습을 강화하는 지침에 따라 '토론'과 '글쓰기' 중심으로 이루어졌기 때문이다. 지식을 전이하는 활동 수업이 부족했다기보다는 책에 나온 지식이 실제로 장기기억으로 들어오지 않았을 가능성이 훨씬 높다.

독서보다는 유튜브를 시청하는 등 SNS 활동 시간이 늘어난 현상과도 관련이 있을 수 있다. 미국의 미래교육학자 마크 프렌스키Marc Prensky는 이런 세대를 '디지털 네이티브'라고 부르면서 "멀티태스킹이나 자료를 신속하게 수집하여 창의적으로 문제를 해결하는 능력이 뛰어나다."고 평가한다.[30] 하지만 같은 텍스트라도 책으로 읽는 것과 웹으로 읽는 것은 정보의 습득 방식과 결과가 다르다. UCLA의 정신의학과 교수 개리 스몰Gary Small의 연구에 의하면 책을 읽을 때는 활발하지 않던 전전두엽 부분이 웹을 읽을 때는 확연하게 활성화되었다. 이것은 작업기억이 정보를 처리할 때 인지적으로 부담을 받는다는 증거로 보통 웹에는 괜찮은 콘텐츠일수록 광고 등 주의를 산만하게 하는 다른 요소들이 많기 때문이다. 웹 전문가이자 작가인 제이콥 닐슨Jakob Nielsen은 웹에서 사용자의 시선을 추적하는 실험을 했는데, 사용자는 웹의 글을 책 읽듯이 한 줄 한 줄 읽지 않았다. 세 번째 줄까지는 책 읽듯이 끝까지 읽지만 그 후 글부터는 시선을 아래로 쭉 내렸다. 책과 웹을 읽을 때 차이가 나는 까닭은 책에 있는 글은 분명하고 정적인 공간 배치를 이루지만 웹의 글은 그렇지 않기 때문이다. 다시 말해 책에 있는 정보는 변하지 않는 3차원 공간에 존재함으로써 정보만이 아닌 그 위치도 기억되어 회상할 때 중요한 단서로 쓰여 학습효과를 높인다.[31] 인터넷을 자주 이용하는 청소년일수록 텍스트의 의미를 제대로 이해하지 못하는 것을 보면 디지털 읽기는 학습과 기억에 부정적이며 글을 읽는 끈기를 길러줄 수 없다. 이렇다 보니 학생들은 독서를 소홀하고 점점 웹을 즐겨 찾게 되면서 읽기 능력이 낮아질 수밖에 없다.

PISA 성적을 가볍게 볼 수 없다

국내 교육계는 PISA 성적에 대해 엇갈린 평가를 하지만 일방적인 비판은 재고되어야 한다. PISA는 단지 시험 점수를 산출하고 국가 간 순위를 발표하여 학생들을 경쟁에만 매달리게 하려는 것이 아니다. PISA는 이를 통해 자국의 교육 정책을 점검하고 외국의 우수한 사례들을 배워 더 나은 교육으로 발전시키도록 돕고자 한다. 3년마다 시험을 치르는 것도 새로운 교육 정책을 도입했을 때 그 성과를 진단하여 정책 효과를 검증하는 데 중점을 두고 있기 때문이다. 따라서 교육당국은 PISA 성적을 진지하게 받아들여 지식과 학력이 추락하는 현실을 직시하며 그 원인을 찾아내고 적절한 대책을 세워야 한다. 지금까지 지식보다 역량이 중요하고 이를 키우는 데 온 힘을 쏟아야 한다며 그렇게 강조했는데 왜 PISA 읽기, 수학, 과학 역량 순위가 떨어졌는지 허심탄회하게 해명해야 한다.

교육당국이 지난 2019년 PISA에 따른 OECD 국가 간 비교 연구 결과를 발표하면서 "우리나라 학생의 삶에 대한 만족도는 OECD 평균보다 낮지만 2015년과 비교하면 상승했고 OECD 평균은 하락했다."고 분석한 것은 몹시 근시안적이며 당혹스럽기까지 하다.[32] 이런 시각과 분석은 역량 교육에 따른 지식 격차 및 학력 격차 심화 문제를 감출 수 있고 또 개인적 만족도는 늘 바뀌는 주관적인 심리상태인데도 불구하고 마치 학생들의 전반적인 삶이 개선된 듯한 착시를 불러일으킬 수 있다. PISA 성적이 전인적이지 않고 인지적 능력만 측정한다며 폄하하고 학생들의 삶의 만족도만 꼽아 개선되었다고 자화자찬할 것이 아니라 PISA 성적 전체를 보다 균형 있게 분석해야 한다. 다수 국가는 PISA 성적을 전문적 평가기관의 자료라는 점에서 신뢰하고 교육 정책을 수립할 때 적극적으로 반영하고 있다는 점을 꼭 염두에 둬야 한다.

◀ 학생들의 삶에 대한 만족도('만족함'의 비율) 차이

※ PISA 2018 ~ PISA 2015
※ 출처 및 참조: 교육부 보도자료 「OECD 국제학업성취도 비교연구(PISA 2018) 결과」

기억 속에 숨겨져 있는
교육적 함의

인공지능이 기억 기능을 대체할 수 있다며 지식을 저장하는 교육을 낡은 방식으로 치부하는 것은 미신에 불과하다. 인공지능이 지식을 저장할 때 일부를 대신할 수는 있어도 인간의 지능과는 본질적인 차이가 있어 전부는 불가능하다. 그런데도 인공지능으로 기억을 모두 대체할 수 있다는 '장밋빛 환상'에 사로잡히면 인간의 지능 발달은 더뎌지고 학습 격차에 따른 지능 수준의 양극화로 이어져 사회적 불평등은 더욱 커질 뿐이다. 인공지능은 만 개를 가르치면 겨우 몇 개를 이해하고, '딥러닝Deep Learning'을 하더라도 정보를 정해진 틀에 따라 처리하는 수준 높은 계산기일 뿐 기술적 특이점이 올 가능성은 매우 낮다.[33]

주입식 교육은 나쁜 교육이지만 기억 교육과는 분명히 다르다.

그런데도 동일시하는 태도는 과거 권위주의 정권 시절 주입식 교육을 받던 경험 탓일 수 있다. 영국의 철학자 데이비드 흄^{David Hume}에 따르면 우리는 경험으로 얻은 지식을 확실하다고 믿는 습관이 있다.[34] 이는 인간의 마음이나 지성의 자연스러운 성향으로 신중하게 반성하지 않는 한 벗어나기 어렵다. 교사가 수업하면서 교과서에 나온 지식을 그대로 기억시키면 얼핏 자유, 평등, 민주주의 등 삶의 보편적이고 정당한 가치를 왜곡하는 주입식으로 착각할 수 있다. 하지만 흄이 지적하듯이 개인적 경험에 따른 특수한 판단을 일반화, 절대화해서 '항상 ~이다', '반드시 ~이다'라고 생각하는 태도는 위험하다. 자칫 우리의 삶에서 사실과 진실을 숨겨 그릇된 사고와 행동으로 이끌 수 있다. 기억 교육과 주입식 교육은 전혀 인과관계가 없고 이 둘의 동질화는 습관이 낳은 신념에 불과하며 기억 교육은 오히려 비판적 사고와 창의적 사고에 유익하다.

기억 교육을 주입식 교육으로 착각하는 데는 언어 탓도 있다. 과거에는 무지개 색을 다섯 가지로 알았지만 지금은 보통 빨·주·노·초·파·남·보 일곱 가지로 본다. 미국인은 남색을 제외한 여섯 가지, 아프리카 원주민은 두세 가지로 보기도 한다. 사실 무지개 색은 과학적으로 134~207가지이다. 자연현상이 객관적이고 우리의 정신에 아무런 문제가 없다면 하나의 자연현상은 누구에게나 똑같이 보여야 한다. 하지만 시대나 지역에 따라 다르게 받아들이는 이유가 있다. 스위스 언어학자 페르디낭 소쉬르^{Ferdinand}

Saussure는 "언어와 사물의 의미에는 어떤 유사 관계나 일치 관계가 없다."고 말했다. 개인의 사고 외부에 있는 문화 즉 전통이나 관습이 마치 다른 색의 안경을 끼고 세상을 보듯이 시선에 차이를 만든다는 것이다.[35] 문화권에 따라 무지개 색을 다르게 인식한다면 무지개를 바라보는 지역적 전통과 관습이 다른 것이며 언어는 그 차이를 드러낼 뿐이다. 이는 발화자인 교사가 교육에서 어떤 언어와 방식을 쓰느냐에 따라 교사 자신의 의식을 넘어 학생들의 사고 및 행위에 끼치는 영향은 다를 수밖에 없다는 뜻이기도 하다. 요컨대 기억 교육과 주입식 교육은 단지 언어만이 아니라 두 교육 방식에 담긴 교육관이나 교육의 목적과 내용에서도 서로 다르다.

그런데도 기억 교육을 주입식 교육이라고 폄하하며 기억 교육이 쓸모없거나 유해하다고 주장하는 지침은 이치에 맞지 않고 '주입'이라는 언어로 '기억'을 포섭하여 동질화하려는 사고 조작일 뿐이다. 교육당국이 지식의 차이를 인정하는 구성주의 교육을 권장하면서도 기억 교육을 주입식 교육이라는 개념 안에 가둔다면 그 차이를 인정하지 않는 모순적 행위일 수밖에 없다. 설령 구성주의적 교육관을 받아들여 지식을 각자의 사회적 구성물이라고 해도 일정 수준의 정보는 반드시 기억되어야만 구성될 수 있다.

PISA 성적 하락은 무척 우려스러운 교육적 결과이다. 비록 이 시험의 문제 유형이 객관식이고 인간의 인지적 능력 평가에 치우쳐 있어도 우리 학생들의 지식 수준이 하락했으며, 계속 하락하고 있다는 현실은 분명하다. 지식이 부족하면 일상이 불편해지고 무엇보다 가난한 집 학생들일수록 더욱 고통스러워질 수밖에 없다. 지난 수년 동안 미래교육을 하겠다며 사실적, 개념적 지식과 기억 교육을 경시했던 태도가 얼마나 잘못됐는지 다수의 교육청은 깨달아야 한다. 또 과연 교육이 누구를 위해 존재하는지 다시한 번 생각해봐야 한다.

'역량'은
하늘에서 떨어진
새로운 능력이 아니다

미래교육이
사교육비의 주범

지난 10년 동안 우리나라 초·중·고 교육에서 두드러진 코드는 '미래교육', '새로운 학력'이다. 교육당국이 수시로 미래의 새로운 학력으로 '역량'을 내세우고 이를 학습하지 않으면 성인이 돼 직업조차 구하기 어렵다고 말해왔다. 이런 분위기 속에서 교사는 수업 혁신이라는 숙제를 떠안았고 전문적인 교사학습공동체를 만들어 새로운 교수·학습법을 탐구하고 관련 정보를 SNS에 공유하는 등 미래교육에 적응하려고 애썼다. 교육당국 역시 교사학습공동체에 도서비 등을 지원했고 교사에게 역량과 관련한 다양한 연수를 제공하는 등 교수·학습 능력을 높이는 기회를 마련해줬다. 학부모는 더욱 민감하게 반응하여 너도나도 사교육업체가 주도하는 체험활동이나 입시컨설팅 등 학습과 진학을 위한 각종 프로그램에 자녀를 참여시키며 적극적으로 대처했다.

　미래교육의 성과를 판단하기는 아직 이르다고 볼 수 있지만 그다지 성공적이라고 말하기 어렵다. 학생들의 역량이 높아졌다는 객관적인 자료를 찾기 어려운 가운데 사교육비만 큰 폭으로 늘어났다. 교육부가 발표한 「2019년 초·중·고 사교육비 조사 결과(2020. 3. 11)」 자료에 따르면 2009년 이후 줄어들던 사교육비 총액은 2015년 17.8조 원으로 최저 수준이었다가 다시 증가해 2019년에는 21조 원으로 17.9퍼센트 늘었다. 초등학생의 경우 2019년 총 9조6천억 원으로 전년보다 1조 원 수준인 11.8퍼센트 늘었고, 이는 정부가 사교육비를 조사하기 시작한 2007년 이래 가장 높은 수치이다. 고등학생의 경우 초등학생이나 중학생보다 훨씬 가파르게 늘었는데 2015년 1인당 월평균 23.6만 원 수준이 2019년 36.5만 원으로 무려 54.6퍼센트나 늘었다.[1]

　사교육비 증가는 교육정책과 대학 탓이 크다. 교육부는 1954년 문교부령 제35조에 따라 국가 교육과정을 만들어 지금까지 여러 번 개정했고 지난 2015년 창의·융합형 인재 양성을 목표로 내세우며 처음으로 역량 개념을 도입했다. 역량 중에서도 자기관리, 지식정보처리, 창의적 사고, 심미적 감성, 의사소통, 공동체 역량을 학생들에게 중점적으로 길러주고자 하는 여섯 가지 핵심역량으로 꼽았다. 각 대학도 고등학생의 학력을 역량으로 평가한다며 2008년도부터 입학 전형에서 지식보다 역량을 중시하는 '입학사정관제'를 도입하였고 2013년 '학생부종합전형'으로 확대 개편

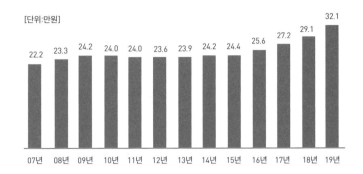

[단위:만원]

07년	08년	09년	10년	11년	12년	13년	14년	15년	16년	17년	18년	19년
22.2	23.3	24.2	24.0	24.0	23.6	23.9	24.2	24.4	25.6	27.2	29.1	32.1

◖ 학교급별 1인당 월평균 사교육비

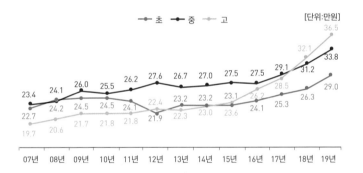

━●━ 초   ━●━ 중   ━●━ 고   [단위:만원]

※ 출처 및 참조: 교육부 보도자료 「2019년 초·중·고 사교육비 조사 결과」

했으며 점차 '학생부교과전형'의 비중도 늘려갔다. 따라서 대입에서 수능 비중은 줄어드는 대신 학생부전형은 2009년 56.7퍼센트, 2015년 64.2퍼센트, 2020년에는 77.3퍼센트로 큰 폭으로 늘어났다.

연도별 입시컨설팅 학원 수만 보더라도 역량이 사교육비 증가에 끼친 영향을 알 수 있다. 이들은 주로 자기소개서나 창의적 체험활동, 학생부 작성을 지도하는데, 2015년 67개에 불과했지만 2019년에는 258개까지 늘어났고 이중 절반인 126개는 서울에 몰려 있다.[2] 이처럼 입시컨설팅 학원이 서울에 집중한 까닭은 수도권 소재 대학들이 학생부종합전형으로 선발하는 비중을 높였기 때문이다. 2015년 수시에서 학생부종합전형으로 선발한 인원은 전체에서 24.6퍼센트인 5만9284명이었지만 서울대, 고려대, 연세대 선발 인원만 합치면 정원의 38.9퍼센트인 4356명으로 그보다 비중이 높았다. 그 후에도 학생부종합전형의 비중은 계속 늘어나 2020년 수시에서 서울대 100퍼센트, 고려대 76.3퍼센트, 연세대 51.6퍼센트였다.[3]

언론에 보도된 분석 기사를 보면 역량과 관련된 사교육비는 짐작보다 훨씬 많다. 학생이 학생부종합전형을 위해 입시컨설팅을 받을 때 서울 강남에 있는 학원이라면 그 비용이 고1~2학년의 경우 연간 학생부 관리 480만 원, 창의적 체험활동 작성 등 150만 원, 자기소개서 작성 130만 원, 일대일 면접에 144만 원이나 들었다.[4] 미래교육이 학생의 역량을 높였는지는 확신할 수 없지만 사교육비 부담을 늘린 것만큼은 확고부동한 사실이다.

클라우스 슈밥에 대한
미신

미래교육과 역량은 교육 분야에서 오래전부터 쓰던 개념이 아니다. 10년 전만 해도 교육당국의 지침이나 교사 간 대화에서 찾아보기 어려웠다. 어느 날 갑자기 학교 현장에서 회자되더니 대중적으로 유행하는 교육 담론이 되었다. 이렇게 되기까지는 '다보스포럼'으로도 불리는 '세계경제포럼WEF, The World Economic Forum'의 창립자이자 회장인 클라우스 슈밥Klaus Schwab이 결정적인 역할을 했다.

지난 2016년 스위스 다보스에서 '4차 산업혁명의 이해'라는 의제로 포럼이 열렸다. 이 포럼에서 슈밥은 "세계 경제는 앞으로도 저성장을 이어가며 일자리는 줄어든다."고 예측했고 그 위기를 극복할 대안으로 '4차 산업혁명'을 제시했다. 기업이 인공지능, 사물인터넷, 빅데이터, 로봇 같은 첨단 정보통신기술을 중심으로 생산 방식을 바꾸고, 상품과 서비스를 지능화하는 차세대 산업으로 전환해야 한다고 역설했다.

한국에서 4차 산업혁명의 파장은 남달랐다. 그의 제안은 사회 전반에 충격으로 다가왔고 미래에 도태될지 모른다는 불안감이 급속도로 퍼져갔다. 하지만 이런 반응은 사실 슈밥의 제안을 과장해서 해석한 탓이 크다. 그가 세계는 4차 산업혁명으로 가는 중이라고 말했지만 실제로는 그런 방향으로 가야 한다는 '의지'를 말했을 뿐이다.[5] 더구나 다른 국가들은 주로 정부나 전문가들만 이런 용어를 썼다. 이를테면 미국은 '스마트 아메리카', 독일은 '산업 4.0', 중국은 '중국 제조 2025', 일본은 '일본 재흥 전략'이라고 불렀다.[6] 그런데도 우리 사회에는 슈밥이 국제 사회에서 차지하는 위상에 눌리고 다보스포럼에 참석한 정치인이나 경제인이 호들갑을 떠는 바람에 즉각 4차 산업혁명에 대응하지 않으면 국가적 위기에 직면할 수 있다는 정보가 넘쳐났다.

이런 왜곡 과정은 무척 흥미롭기까지 한데, 마치 동종 교배로 자가 증식하는 괴물처럼 국책, 민간 가릴 것 없이 연구 기관은 보고서를 남발했고 언론은 인용의 인용을 거듭했다. 정계, 재계, 학계, 언론계가 서로서로 확성기가 되어준 덕분에 그저 하나의 보고서에서 나온 하나의 가설이 갑자기 부정할 수 없는 확실한 진실처럼 포장되어 확대 재생산되었다. 그리고 마침내 우리의 미래가 확정된 것처럼 사회 전 분야에서 4차 산업혁명을 기정사실로 받아들였다.[7]

교육이 4차 산업혁명 의제에 부화뇌동

이런 흐름 속에서 교육당국은 지식 위주 교육을 그만두고 역량을 중심으로 교육을 바꿔야 한다며 차츰 지식을 선별적으로 수용하거나 제외하기 시작했다. '무엇What을 알고 있는가?'와 관련된 '사실적, 개념적 지식'보다는 '어떻게How 할 수 있는가?'와 관련된 '절차적 지식'을 더 중시하며 공감, 협력, 의사소통 등 태도 역량을 교육하도록 장려했다. 이로써 서울특별시교육청, 경기도교육청, 충청남도교육청, 전라북도교육청 2018학년도 주요업무계획에는 민주 시민의 자질, 배려, 협력 등 태도를 중시하는 표현들이 두드러졌다.[8] 이외 교육청들도 사정은 비슷했다.

교육 비전

- 협력의 원리에 기초한 지성, 감성, 시민성의 균형 있는 발전을 촉진하는 교육(서울특별시교육청)
- 자율적 창의적인 학습, 배려 협력하는 분위기 형성(전라북도교육청)

교육 지표

- 배려와 어울림을 키워주는 교육, 더불어 살아가는 지혜를 키워주는 교육(서울특별시교육청)
- 협력, 창의, 자율, 생태의 핵심 가치를 기반으로 학생이 함께

즐겁고 능동적으로 자기 삶의 문제를 해결할 수 있도록 해주
는 교육(경기도교육청)

- 자치와 협력으로 참된 민주 시민 육성(전라북도교육청)

정책 방향

- 지성, 감성, 시민성을 갖춘 미래 인재 양성(충청남도교육청)
- 참 학력 신장(전라북도교육청)

슈밥의 예언을 맹목적으로 따르는 교육관이 얼마나 위험한지
는 당사자인 슈밥을 통해 짐작할 수 있다. 그의 확신에 찬 다보스
예언은 2년도 채 되지 않아 완전히 달라졌다. 2016년 다보스포럼
에서 그는 "2020년까지 7백만 개 일자리는 사라지고 2백만 개 일
자리는 새로 생겨 결국 5백만 개 넘는 일자리가 사라질 수 있다."
고 전망했지만 2018년 포럼에서는 "앞으로 일자리는 많이 늘어
난다."고 새롭게 예언했다. 2022년까지 일자리는 기계와 로봇, 인
공지능 알고리즘 활용으로 전 세계에 약 1억3300만 개가 생기지
만 7500만 개 정도만 대체되기 때문에 전체적으로 일자리는 늘
어난다고 말을 바꾼 것이다.[9]

그런데도 교육당국은 차분하게 따져보지도 않고 앞으로는 일
자리가 줄어들기 때문에 지식보다는 역량을 배워야 한다고 목소
리를 높였다. 일부 교육청은 한발 더 나아가 역량 중심의 교육을
어떤 의심도 할 수 없는 진리나 성역처럼 공고화했으며 이에 의

문을 제기하는 교사들을 합당한 근거나 토론도 없이 '전인교육'
보다는 '경쟁교육'을 옹호한다거나 교육의 내적 본질인 '자아실
현'을 방해한다며 의도적으로 배제했다. 교사들에게 비판적 사고
를 교육하라고 해놓고 교육청 스스로 비판적 사고를 하지 않는
기이하고 반교육적인 처사라고 하지 않을 수 없다.

학생은
행복할까

다수 교육청은 학교에서 지식보다는 공감, 협동, 배려 등 태도를 중점적으로 교육해야 한다는 지침을 만들어 알렸고 평가는 엇갈렸다. 교육부가 발표한 「2019 국가수준 학업성취도평가 결과(2019. 11. 29)」를 보면 역량 교육과 관련해 학생들의 '학교생활 행복도'를 알 수 있는 자료가 나온다.

전국적으로 중3과 고2 학생 2만4936명(481교)을 대상으로 조사했는데 설문은 •우리 학교에는 나에게 관심이 있고 따뜻하게 대해주는 선생님이 계신다 •나는 학교생활을 잘하고 있다 •나는 학교에 가는 것이 즐겁다 •우리 학교는 중요한 결정에 학생의 의견을 반영해서 좋다 •우리 학교는 선생님이 열심히 가르쳐주셔서 좋다 등 열 개 문항이었다.

2013년~2019년 학교생활 행복도 '높음' 비율(%)

중학교 ── 고등학교

65.5

64.4

61.7

62.7

64.7

56.2

60.8

48.9

54.7

56.4

43.6

49.2

43.9

40.4

2013년　　2014년　　2015년　　2016년　　2017년　　2018년　　2019년

※ 출처 및 참조: 교육부 보도자료 「2019년 국가수준 학업성취도 평가 결과」

　설문조사 결과를 살펴보니 중학생과 고등학생의 행복도 '높음' 비율은 각각 64.4퍼센트와 64.7퍼센트였고, 이는 같은 문항으로 조사가 시작된 2013년의 결과(중 43.6퍼센트, 고 40.4퍼센트)에 견줘 중학생은 20.8퍼센트, 고등학생은 24.3퍼센트 증가한 수치였다. 대체로 행복도 '높음' 비율도 해마다 상승하는 추세인데 2년 단위로 끊어서 살펴보면 중학생은 2013년 43.6퍼센트, 2015년 56.2퍼센트, 2017년 65.5퍼센트, 2019년 64.4퍼센트였다. 2018년엔 62.7퍼센트로 떨어졌지만 2019년에 다시 상승으로 돌아섰다. 고등학생은 2013년 40.4퍼센트, 2015년 49.2퍼센트, 2017년 56.4퍼센트, 2019년엔 64.7퍼센트였다.[10]

　모 교육계 관계자는 이를 두고 "진보교육감이 혁신학교 등에서 학생 중심의 정책을 추진했기 때문에 중·고교생의 행복도가 높아지고 있다."고 평가했다.[11] 다른 관계자도 비슷한 입장이었는데, "학생의 행복도가 상승한 시점은 2014년 진보교육감이 대거 당선된 시점과 맞물려 있고 이 시기부터 학교에는 민주적 학교 문화와 수업 혁신이 널리 퍼졌다."고 해석했다.[12] 이에 맞서 "지식보다 역량을 중시하는 정책의 성패를 학교생활 행복도의 총량으로만 판단한다면 단편적인 분석에 지나지 않고 실상을 왜곡한다."며 비판하는 시각도 존재했다.[13] 즉 학교생활 행복도 상승은 분명 기뻐할 일이지만 그 사실이 학력 저하 문제를 해결하지는 못한다는 의미이다.

개인에 따라 학력 저하를 감수하더라도 학생들의 행복이 더 바람직하다고 가치판단을 할 수 있다. 하지만 교육당국이나 언론이 학교생활 행복도만 무턱대고 찬미하면 국민에게 학력과 행복이 대립한다는 착각을 불러일으킬 수 있으며, 무엇보다도 학력 격차의 심각성을 가릴 위험성이 크다.

교과별 성취수준에 따라 학교생활 행복도를 분류하고 심리적 응도나 교육환경만족도까지 고려하면 지식과 학력 수준이 높은 학생일수록 학교생활에 만족하는 경향이 뚜렷했다. 특히 미래교육에서 지식과 인지적 발달보다 더 중요하게 보는 정의적 영역이나 행동적 영역인 자신감, 가치, 흥미, 학습 의욕도 등 태도 역량마저 지식과 학력의 수준에 비례했다. 이처럼 학교생활 행복도를 세밀하게 분석해보면 지식과 학력이 행복과 모순되지 않는다는 사실을 알 수 있다.

◀ 2019년 성취수준별 학교생활 행복도 비율[%]

구분	교과	성취수준	학교생활 행복도		심리적응도		교육환경 만족도	
			높음	낮음	높음	낮음	높음	낮음
중학교	국어	보통학력 이상	65.2	0.8	79.5	0.8	56.6	3.7
		기초학력 미달	55.7	3.9	67.7	3.1	54.6	7.6
	수학	보통학력 이상	66.9	0.6	81.9	0.7	56.1	3.8
		기초학력 미달	56.9	3.0	67.6	3.0	56.8	6.1
	영어	보통학력 이상	66.5	0.7	81.0	0.7	56.8	3.6
		기초학력 미달	53.7	4.2	66.4	3.8	51.1	8.8
고등학교	국어	보통학력 이상	67.0	0.4	80	0.4	58.2	2.4
		기초학력 미달	52.3	3.6	65.3	3.7	47	6.7
	수학	보통학력 이상	68.9	0.5	81.3	0.4	59.3	2.4
		기초학력 미달	52.8	2.3	67.2	2.6	48.9	4.8
	영어	보통학력 이상	67.3	0.4	80.2	0.4	58.3	2.5
		기초학력 미달	52.7	3.8	67.7	2.9	48.0	6.5

※ 출처 및 참조: 교육부 보도자료 「2019년 국가수준 학업성취도 평가 결과」

◀ 2018~2019년 교과 기반 정의적 특성 비율[%]

구분	교과	연도	자신감		가치		흥미		학습의욕	
			높음	낮음	높음	낮음	높음	낮음	높음	낮음
중학교	국어	18	39.7	10.7	60.2	6.6	41.0	13.3	59.6	5.3
		19	42.2	10.1	61.4	6.5	42.6	12.9	61.5	5.2
	수학	18	38.9	20.7	45.3	14.8	42.5	20.4	54.0	11.0
		19	39.8	20.8	44.6	15.1	43.0	20.7	54.2	10.9
	영어	18	40.6	17.9	67.9	6.7	42.9	16.4	59.0	9.0
		19	43.5	16.4	68.4	6.3	45.6	14.8	60.5	8.5
고등학교	국어	18	32.1	12.8	61.8	6.0	42.1	12.7	65.6	3.6
		19	31.3	14.4	61.2	6.8	41.8	14.0	66.9	4.0
	수학	18	23.9	29.4	36.6	20.0	39.8	23.3	50.0	13.7
		19	25.1	31.3	39.3	19.2	40.3	24.2	51.4	13.6
	영어	18	28.1	21.0	73.4	4.3	37.8	16.5	60.4	7.5
		19	29.7	22.9	74.7	4.1	38.3	17.4	62.5	7.3

※ 출처 및 참조: 교육부 보도자료 「2019년 국가수준 학업성취도 평가 결과」

'역량'은 하늘에서 떨어진 새로운 능력이 아니다

◀ **2010년~2018년 학업중단율**

※ 출처 및 참조: 교육부 보도자료 「2019년 교육기본통계 결과」

    학교에서 학생들의 행복도가 높아졌다고 볼 수 없는 다른 근거도 있다. 교육부가 발표한 「2019년 교육기본통계 결과(2019. 8. 30)」에 따르면 2015~2018년까지 최근 4년간 학교를 중도에 그만두는 학생 비율이 늘어났다.

    2018년에 초·중·고 전체 학업중단율은 0.9퍼센트였고 학교급별 학업중단율은 초등학교 0.7퍼센트, 중학교 0.7퍼센트, 고등학교 1.6퍼센트였다.[14] 초등학교와 고등학교는 전년과 비교하면 각각 0.1퍼센트 상승, 중학교는 전 학년도 수준이었다. 특히 고등학교는 2015년부터 계속 증가하고 있는데 이런 추세는 매우 우려스럽고 어떤 측면으로는 아이러니하다. 이 무렵 일부 진보교육감은 학생부종합전형 비중 증가에 우호적이었으며, 이러한 대입 전형방식이 경쟁 교육을 줄이고 학생들의 행복도를 높일 수 있다고 했지만 오히려 학업중단율은 늘었기 때문이다. 앞서 인용한 교육계 관계자들의 평가처럼 진보교육감의 당선이나 교육청의 역량을 중시하는 지침 때문에 학생의 행복도가 높아졌다면 학업중단율은 줄어들었거나 최소한 늘지 않았어야 했다.

요컨대 초·중·고 교육에서 지식과 학력이 하락하고 격차가 커지며 학생들은 점점 더 많이 학업을 중단하는데도 일부 교육청이 학생 행복도 설문 조사만을 근거로 자신들이 주도했던 '새로운 학력관'의 성과를 지나치게 자랑하며 발표하는 것은 아전인수 격 처사이다. 교육청 스스로 새로운 학력관과 지침을 만들고 주도했다는 것만으로 교육에 미치는 이런저런 영향을 묻거나 따지지 않으며 언제나 선이고 좋은 결과라고만 평가한다면 교육적이지도 민주적이지도 않으며 학생들도 결코 행복할 수 없다.

새롭지 않은
역량 교육

역량 교육에 대한 시각차나 갈등을 합리적으로 해결하려면 우선 그 기원과 발전 과정을 꼼꼼히 살펴봐야 한다. 교육당국에 따르면 역량은 '우리 아이들이 21세기를 살아가기 위해 꼭 갖춰야 할 교육적 능력'이라는 의미를 지닌다. 전라북도교육청이 내세우는 공식 학력인 '참 학력'만 봐도 역량 교육의 배경은 클라우스 슈밥이 4차 산업혁명을 제안할 때의 근거와 크게 다르지 않다. 즉 '수명 연장', '직업 변화', '에너지 및 기후 변화', '인공지능의 확산' 등에 따른 불확실한 미래를 대비하기 위해서다.[15] 그러나 4차 산업혁명과 역량 교육은 전혀 '인과적 Cause and Effect'이지 않고 지금 어떤 일이 실행되고 있으므로 다른 일도 당연히 실행되어야 한다는 '사실과 당위의 오류'에 불과하다.

자본주의 시장경제의 역사는 분명하게 그 근거를 보여준다. 산업혁명 이후 등장한 자본주의 시장경제는 '실업'과 '인플레이션'이라는 위기를 반복적으로 겪었지만 1929년 세계 대공황 이전까지는 큰 문제가 없었다. 시장이 수요와 공급의 불균형으로 일시적으로 불안정하더라도 마치 자동안전장치가 작동하는 것처럼 스스로 균형으로 돌아왔다. 따라서 정부가 소비자와 기업이 주도하는 시장에 간섭하는 일은 대체로 부정적이었다.

　1929년 10월 29일, 이른바 '검은 화요일'은 역사적인 날이었다. 미국에서 주식이 폭락하면서 시작된 대공황은 그동안 아무도 의심하지 않았던 시장의 자율적인 복원력을 의심하도록 만들었다. 산업혁명 이후에 단 한 번도 겪어본 적 없는 세계 시장 위기로 다수 기업이 파산하며 실업자가 늘고 소비는 급격하게 감소하며 인간의 삶을 위협했다. 1932년 미국 대통령에 취임한 프랭클린 루스벨트 Franklin Roosevelt는 이런 위기를 극복하기 위해 앞장섰고, 테네시강에 댐을 건설하는 등 이른바 '뉴딜 정책 New Deal Policy'으로 경제를 회복시켰다.[16] 그 후 기업은 정부가 실업과 인플레이션에 개입하는 '시장 안정화 정책'과 전통적으로 반대했던 '최저임금제'와 '누진세' 등 사회복지제도마저 받아들였다. 대공황과 같은 큰 위기를 시장만으로는 해결할 수 없다는 것을 이미 경험했기 때문에 장기적 차원에서 기업에게도 이득이라고 보고 묵인했다. 특히 선진국은 2차 세계대전 이후 값싸고 풍부한 석유와 에너지를 바탕으로 '규모의 경제 Economy of Scale'를 실현하기 위해 표준화된 상품을 대량으로 생산하고 낮은 가격으로 소비자에게 판매하는 '포디즘Fordism'을 적극 지지했다.

2차 세계대전 후부터 1960년대 중후반까지 소위 '자본주의 황금시대', '위기 없는 자본주의'로 불릴 정도로 포디즘과 경제 정책은 안정적이고 효율적이었지만 오래가지 못했다. 1960년대 말에 이르러 미국과 유럽의 기업은 이윤이 크게 줄어들어 삐걱거리기 시작했고, 1973년 중동에서 시작된 석유 파동은 치명적이었다. 기업의 이윤은 급격하게 줄었으며 투자는 위축되었고 실업률은 치솟았다. 당시 유럽의 실업률은 1960년대 2.2퍼센트에서 1970년대 4퍼센트, 1980년대 9퍼센트, 미국은 1960년대 4.7퍼센트에서 1970년대 6.4퍼센트, 1980년대 7.1퍼센트로 늘어났다. 또 친환경적 기술 수준이 낮은 상태에서 상품의 대량 생산과 대량 소비는 온실 효과 등 '생태환경의 위기Ecological Crisis'로 발전했고 석유 가격 상승에 따라 화석 에너지를 원자력 에너지로 대체하려고 했지만 원자력 발전소 건설을 반대하는 여론 때문에 그 효과는 미미했다.[17]

포디즘은 내부 한계에도 부딪쳤다. 그동안 경영자나 상층 노동자가 작업을 기획하고 설계하면 다수의 노동자는 단순히 반복하기만 했는데 이런 방식이 비인간적이라며 노동자들이 반발했다. 더구나 소비자의 취향이나 기호를 고려하지 않는 획일적 상품은 중산층 이상의 다양한 소비 취향과도 달라 잘 팔리지도 않았다.

정부는 이런 문제를 경기 회복으로 해결하겠다며 기업에 보조

금을 지급하여 상품 가격을 낮춤으로써 소비를 늘리려고 했지만 성공하지 못했다. 그런데도 선진국들의 포디즘에 대한 믿음은 여전했고 더 많은 빚을 지더라도 케인스Keynes의 재정, 금융 확장 정책으로 실업을 해결할 수 있다고 확신했다. 안타깝게도 현실은 기대만큼 좋아지지 않았다. 시장에 돈을 풀며 적극적으로 개입할수록 경기는 더욱 나빠졌으며 1970년 중반 무렵에는 물가 급등으로 '스태그플레이션Stagflation'까지 나타났다.[18]

클라우스 슈밥은 바로 이 무렵 역사의 무대에 올랐다. 당시 스위스 제네바대학교 교수였던 그는 1967년 프랑스 급진당 대표였던 장 자크 슈라이버Jean-Jacques Schreiber가 쓴 책『미국의 도전』에 크게 공감했다. 책 속에서 강조한 "유럽 경영인이 시장 친화적인 미국식 경영 기법을 배우지 않으면 2등 시민으로 전락할 수밖에 없다."는 경고는 그뿐만 아니라 2차 세계대전 이후 점점 국제사회에서 주도권을 상실해가던 유럽의 지도자들에게 엄청난 충격으로 다가왔다. 그는 이 책의 전도사를 자처하며 1971년에 다보스포럼의 전신인 '유럽경영포럼EMF, European Management Forum'을 열었는데 유력한 기업인들이 444명이나 참석하고 정치인들도 적극적으로 후원하는 등 크게 주목을 받았다. 그는 이 포럼에서 "유럽 경제를 회복하려면 정부의 시장 개입을 배제하고 저소득층에 대한 복지 비용을 줄이며 공공 부문을 민영화하는 방향으로 수정해야 한다."고 역설했다.[19]

수십 년이나 교육했던 역량을
새로운 교육적 힘으로 조작하다

교육당국이 중시하는 '역량'은 이런 세계 자본주의 위기 속에서 이른바 '포스트 포디즘Post Fordism'을 배경으로 나타났다. 포스트 포디즘은 '유연생산체계'라고도 불리는데 1970년대 중반 이후 정보통신기술을 바탕으로 선진 자본주의 국가에 급속도로 확산되었으며 조직에서 기획과 실행이 분리되지 않고 협업적으로 상품을 생산하며 고용을 유연하게 운영하는 방식이다. 이를테면 자동차 공장에서는 컨베이어 벨트가 사라졌고 컴퓨터 기술로 조립과 분류 작업을 하지만 최종 조립은 수공업적으로 숙련된 작업팀에 의해 이루어졌다. 노동자가 협업적으로 작업을 기획하고 실행할 수 있도록 직무를 수평적이고 수직적으로 확대했으며 각 작업팀은 생산과 관련된 사항들에 대해 더 크고 넓은 자율권을 누렸다.[20] 공공 부문도 그동안 포디즘으로 운영했지만 효율성이 떨어져 과업 성과를 내기 어려웠던 터라 포스트 포디즘을 적극적으로 도입했다. 따라서 공공이든 민간이든 직장인들에게 노동생산성을 높이는 새로운 직업 능력이 요구될 수밖에 없었다.

'역량'이라는 용어는 1970년대 초반 하버드대학교에서 동기와 성취를 연구하던 심리학자 데이비드 맥클리랜드David McClelland로부터 유래되었다. 그는 국무성으로부터 해외 공보관 선발방안을 연구해달라는 요청을 받았다. 그 목적은 기존의 적성 검사나 시험을 대신하여 공보관의 업무 수행을 예측할 수 있고 성별, 감정, 연고 등 비업무적 요소를 배제하는 선발 도구를 개발하는 데 있었다. 그는 뛰어난 성과를 내는 해외 공보관 50명과 그렇지 않은 해외 공보관 50명을 구분하고 '행동사건면접^{BEI, Behavioral Event Interview}' 방식으로 자료를 수집해 분석한 후 「지능검사보다 우월한 역량검사」라는 논문을 발표했다. 이에 따르면 탁월한 해외 공보관들은 '다른 문화에 대한 수용성', '타인에 대한 긍정적 기대', '정치적 네트워크 파악'과 같은 항목들에서 우수했다. 맥클리랜드는 이런 항목들을 통칭해 '역량^{Competency}'으로 불렀고 그 후 직장인이나 취업준비생이 갖춰야 할 필수적 직무 능력을 뜻하는 말로 쓰였다.[21]

포스트 포디즘은 1980년대 들어와 정보통신기술이 더욱 발전되면서 전 세계로 급속도로 퍼졌고 역량은 직업 영역뿐만 아니라 교육, 문화 등 삶의 모든 영역에서 요구되었다. 하지만 역량과 관련해서 시급하게 해결해야 할 문제가 생겨났다. 그동안 역량 개념은 학자마다 다양한 의미로 해석되었기 때문에 의사소통의 장애를 피하려면 이를 보편적 개념으로 정의해야만 했다. OECD는 이 작업을 맡아 1997년부터 2003년까지 'DeSeCo^{The Definition and Selection of Key Competences} 프로젝트'를 수행했다. 그 결과 역량은 '지식, 기술, 태도, 감정, 가치, 동기 등을 활용하여 과제를 성공적으로 해결하는 능력', 핵심역량은 '언어, 기술, 도구를 활용하는 능력', '다른 집단과 상호작용하는 능력', '자율적으로 행동하는 능

력'으로 규정되었다.[22]

역량 개념은 그 뒤로도 계속 논의되며 구체적으로 보완되었다. 2015년에 미국 국가교육협회 National Education Association 는 미래교육 방향 설정을 위해 만든 '21세기역량파트너십 P21, The Partnership for 21st Century Skills'을 통해 「21세기 학습을 위한 체계 A Framework for 21st Century Learning」라는 제목의 사례집을 제작해 배포했다. 이 책자는 다양한 역량 중심 학습자 모형을 검토한 후 발간된 학습 안내서로 기초역량3R으로 '읽기 Reading', '쓰기 wRiting', '셈하기 aRithmetic'와 핵심역량4C으로 '비판적 사고 Critical Thinking', '창의력 Creativity', '의사소통 Communication', '협업 Collaboration'을 제시했다. 클라우스 슈밥은 바로 이런 것들을 참고해 2016년 다포스포럼에서 역량을 '위기를 헤쳐나가는 새로운 능력'으로, 핵심역량을 '4C'로 발표했을 뿐이다.

요컨대 교육당국이 강조하는 "4차 산업혁명 시대를 맞아 새로운 학력인 역량을 가르치고 배워야 한다."는 지침은 한마디로 미신이다. 역량은 이미 수십 년 전부터 사회경제적 변화에 따라 학교에서 배워야 할 중요한 능력이었고, 교사는 수행학습, 인성교육, 체험활동, 동아리활동 등을 통해 쭉 가르쳐왔다. 즉 역량은 21세기에 새롭게 가르치고 배워야 하는 능력이 아닌데도 교육당국이 갑자기 하늘에서 뚝 떨어진 지고지순한 능력처럼 포장하여 삶과 교육의 역사를 왜곡해온 것이다.

역량 속에 숨겨져 있는
교육적 함의

역량은 21세기 한국 교육에서 새롭게 학습해야 할 유일한 능력이 아니다. 산업혁명 이후 나타난 자본주의 시장경제 발전 역사에서 보듯이 기업과 정부는 조직을 효율적으로 운영하려고 했고 이를 위해 구성원들에게 요구했던 능력 가운데 하나였을 뿐이다. 즉 기업이 이윤을 추구할 때 한계에 도달하자 이를 극복하려고 강조했던 개념이고 정부가 공공 부문의 개혁을 통해 기업을 지원하는 과정에서 사회적 능력으로 받아들여졌다. 지금부터 거의 50년 전인 1970년대부터 직업 분야에서 중요한 직무 능력으로 학습된 것도 이런 배경이 있었고, 그동안 여러 차례 교육과정을 개편하면서 직간접적으로 교육에도 반영되었다.

교육당국이 인정하든 부정하든 역량 교육은 학생의 자아실현을 추구한다기보다 기업의 요구에 따라 지능형 산업과 관련된 기술적 능력을 학습하는 과정이라고 볼 수밖에 없어 그다지 전인적이지도 않다. 또 과거부터 교사는 비판적 사고든 창의력이든 의사소통이든 협력이든 그 어떤 역량도 가르쳐야 한다고 믿고 있었고 교육 정책이나 지침만 보더라도 늘 추구해왔던 교수·학습 목표였다.

역량이 체계화된 과정만 보더라도 클라우스 슈밥과 역량을 동일시할 수 없다. 그가 2016년의 다보스포럼에서 역량을 내세우기 이전에도 OECD는 'DeSeCo프로젝트'를 통해 깊이 있게 역량을 연구해왔고 필수적으로 학습해야 할 핵심역량을 선정했다. 슈밥은 기껏해야 4차 산업혁명에 필요한 하나의 능력으로 제안했을 뿐이다. 그런데도 교육당국, 특히 다수 교육청이 4차 산업혁명과 슈밥을 각각 캐치프레이즈와 전도사로 내세우면서 마치 역량이 새롭게 등장한 필수능력인 것처럼 반기고 마치 지식과 대립하는 능력처럼 조작하고 미화하는 처사는 본연의 책무를 망각한 어리석은 선택이다.

사실 이와 같은 상징조작은 꽤 오래되었다. 인류사를 보면 문명 초기에는 개인 간 지식 격차는 크지 않았고 홀로 남는 공포 또한 경험하기 어려웠다. 이렇게 평화롭고 조화롭던 자연 공동체가 생산력의 발달로 지배와 피지배의 계급 관계로 바뀌자 모든 게 달라졌다. 다수 인간은 세상으로부터 고립되었고 자연이 아니라 바로 인간에게 시시각각 공포를 느끼게 되었다. 뇌의 편도체에 깊이 저장되었던 자연에 대한 두려움은 차츰 지배자의 권력이 자신을 해칠지도 모른다는 사회적 불안으로 퍼져나갔고 더욱 유력하게 생존에 영향을 끼치는 정서가 되었다. 그러면서 지배자가 내세운 상징조작이 아무리 진실과 달라도 쉽게 반기를 들거나 이의를 제기하지 않고 그저 복종하는 경향을 보였다.

장자는 '제물론齊物論'의 마지막 부분에서 나비의 꿈을 말한다. 까치와 오동나무의 대화를 통해 꿈에 빗대어 현실을 의심한다.

> 어느 날 장자가 나비가 된 꿈을 꾸었다. 훨훨 날아다니는 나비가 되어 유유자적 즐기면서도 나비가 장자임을 알지 못했다. 문득 깨어보니 다시 장자가 되었다. 장자가 나비가 되는 꿈을 꾸었는지, 나비가 장자가 되는 꿈을 꾸었는지는 알 수 없다. [23]

장 보드리야르Jean Baudrillard가 디즈니랜드를 '과잉 현실'의 대표적인 사례로 들었듯이 보통 현실이 진짜이고 꿈은 허상이라고 확신하지만 사실 이를 뒷받침하는 근거는 불확실하다. 마찬가지로 교육 현장에서 지식과 역량 중 무엇이 옳고 나은지 다투는 모습은 허상이고 꿈일 뿐이다. 교사의 역할은 단지 학생들에게 배움을 주는 것에만 있지 않다. 교육을 맨 앞에서 이끄는 첨병으로서 권력자가 정서적 언어를 통해 학습과학 원리를 조작할 때 침묵하거나 동조하지 않도록 깨어 있어야 한다. 이럴 때만이 교사로서 첫 마음과 책무를 돌이켜보게 되고 지식과 역량의 대립이 권력자의 편협과 독단, 비상식의 틀 속에서 만들어진 모래성임을 깨달아 그동안 잊었던 학습과학 원리를 다시 떠올릴 수 있다.

CHAPTER 4

'핵심역량'을
높이는 비법은
지식에 있다

비판적 사고의 원천은
지식과 논리

수년 전부터 교육당국은 역량 교육을 강화해야 한다며 학교에 '비판적 사고'를 교육하라는 지침을 수없이 전달했다. 그동안 교사가 비판적 사고를 가르치지 않았다는 뜻은 아니고 너무 교과에 중점에 둔다거나 사고 기술을 제한하던 수업 방식을 좀 더 폭넓게 바꾸라는 취지였다. 초·중·고 12년 동안 제도 교육을 받아도 단순히 교과 내용만을 기억하거나 새로운 지식을 배우는 사고 기술이 부족하다는 사회적 우려도 작용했다.

전통적으로 비판적 사고는 교과 주제나 내용과 상관없이 사고할 수 있는 기술을 의미했다. 이를 위해 여러 가지 능력이 필요한데, 비판적 사고의 석학인 에드워드 글레이저 Edward Glaser는 다음과 같은 것들을 꼽는다.

(a) 문제를 인식하고 (b) 문제를 해결할 수 있는 적절한 수단을 찾고 (c) 관련된 정보를 찾아 분류하고 (d) 숨은 가정과 가치관을 파악하고 (e) 언어를 정확하고 분명하게 이해하고 사용하며 (f) 자료를 해석하고 (g) 증거를 판단하고 주장을 평가하고 (h) 명제들 사이에 논리적 관계가 있다는 것을 인식하고 (i) 정당한 결론을 도출하고 일반화를 하며 (j) 얻은 결론과 일반화를 시험에 부치고 (k) 더 많은 경험에 근거해 믿음을 재구성하며 (l) 일상에서 특정 문제에 대해 정확한 판단을 내리는 능력이다. [1]

역시 이 분야에 정통한 영국의 학자 마이클 스크리븐[Michael Scriven]은 '관찰하거나 질문을 하는 방식'을 추가한다.[2]

하지만 이런 틀을 심각하게 부정하는 전문가들이 있고 교육당국 역시 그들의 입장과 비슷해서, 비판적 사고를 규범적이고 방법론적인 기준인 논리주의의 보편성, 객관성 등으로만 한정하면 제대로 가르칠 수 없다고 주장한다. 모든 사고에는 개인의 주관적 상황이나 사회적 맥락이 들어갈 수밖에 없는데도 이를 반영하지 않는다고 지적하며 교육과정에 비분석적, 상상적, 맥락적 사고 등이 반영되어야 한다고 강조한다. 이를테면 '공감', '성찰', '창의력', '개념의 불확실성을 인정하는 태도' 등이 들어가야 한다는 것이다.[3]

교사가 비판적 사고를 가르치고 학생이 학습하도록 도와야 한다는 데는 아무런 이견이 없다. 2015 개정 교육과정에서도 논리주의적 비판적 사고를 '지식정보처리 역량', 비논리주의적 비판적 사고를 '창의적 사고 역량'으로 구분해 핵심역량으로 두고 있다. 하지만 이런 구분은 교사가 수업을 설계할 때 수업일수, 수업시수 제한이라는 현실 안에서 아이들에게 최적의 배움이 일어나도록 해야 하는 합리적 선택의 문제를 남긴다.

교사마다 대안이 다를 수 있지만 논리주의적 사고 기술을 우선적으로 가르치는 방식이 효과적이다. 비논리주의적 사고 기술을 먼저 가르칠 수 있지만 더 많은 기회비용이 든다. 가령 '공감 능력'을 가르친다면 교사가 모든 학생의 주관적 감정이나 태도를 일반화하여 보편적 원리로 설명할 수 없기 때문에 집단적 교육 방식으로는 적당하지 않다. 설령 어떤 학생이 그 한계를 극복하고 공감하는 방법을 학습하더라도 쓸모없는 도덕 지침 정도의 의미로만 남게 된다. 또 공감은 어리석고 비합리적인 판단에 근거할 때가 많고 때로는 무관심과 잔인함을 유발하기도 한다. 예컨대 의사의 의학적 판단을 해치거나 유권자를 비이성적으로 만들어 부당한 정치적 결정으로 이끌기도 한다.[4] 그 대신 어떤 과제를 해결할 때 논리주의적 사고 기술로 새로운 아이디어를 내놓으면서 이타적인 행동까지 보인다면 그 누구도 반대할 가능성은 크지 않다. 주위에서 선행을 실천하는 사람만 보더라도 실효성을 따져 선행을 베푸는 순위를 정한다.

창의적 사고 기술을 먼저 가르치는 방식도 비효율적이다. 창의력은 단지 새로운 아이디어를 잡다하게 뽑아내는 발산적 사고 기술이 아니다. 뉴턴만 사과가 떨어지는 현상을 보았거나 와트만 주전자에서 증기가 솟구쳐 나오는 현상을 보지 않았다. 그들에게는 이런 현상의 표면적, 함축적 의미를 다각적으로 파악할 수 있는 논리적 사고 기술이 있었기 때문에 다른 사람에게는 불가능했던 창의적 통찰을 할 수 있었다.[5] 비판적 사고 학자 케리 월터스Kerry Walters도 비논리주의적 입장을 따르지만 논증 등 엄격한 논리적 분석 기법은 학습 능력에 필수라고 주장한 바 있다. 특히 모든 학생이 분석, 추론, 평가 등 기초적인 논리 기술을 학습해야 한다고 힘주어 말한다.[6]

우리 교육당국, 특히 교육청의 비판적 사고에 대한 태도에는 문제점이 많다. 지식 교육의 대안으로 비판적 사고를 내세우면서도 실제로는 비논리주의적인 입장으로만 해석하여 편향된 지침만 내려보내고 있다. 강원도교육청은 '창의와 공감을 핵심으로 하는 창의·공감지성 교육과정', 전라남도교육청은 '소통을 통해 상상력을 키우는 창의·융합 교육', 전라북도교육청은 '창의적 문제 해결 능력', 경기도교육청은 '창의지성 교육'을 내걸고 있다. 이런 태도는 교육청이 비판적 사고를 21세기를 살아갈 학생들에게 필수적인 능력이라며 귀에 못이 박힐 정도로 강조하는 상황과 비교하면 전혀 앞뒤가 맞지 않다. 무엇보다 학습과학 원리에 어긋난 지침만 고집하고 있어 결코 학력을 골고루 높이거나 학력 격차를 줄일 수 없다.

키워드 검색은 비판적 사고를 높일 수 없다

비판적 사고를 교육할 때는 사실적, 개념적 지식을 근간으로 해야 한다. 이런 지식을 많이 기억할수록 교사는 효과적으로 가르칠 수 있고 학생도 지식 전이를 잘할 수 있다. 어떤 고정된 틀이 있어야 상품을 생산하지만 아무리 좋은 틀이라도 재료가 없거나 부족하면 제 역할을 할 수 없다.

교육당국은 이른바 '문해력 Literacy, 글을 읽고 평가하는 능력'을 기초학력으로 분류하여 적극적으로 가르치라고 주문해왔다. 다수 미래학자가 지적하듯이 문해력은 인공지능이 지금 수준에서 대신할 수 없는 고유한 인간의 능력이다. 이런 문해력을 높이는 사고 기술에는 글을 문장과 문장, 문단과 문단의 관계를 고려하며 읽고 요약, 비교, 분석, 비판, 평가하는 방법 등이 있다.

다음은 비판적 독서법에 근거해 출제된 2020년 한양대학교 모의논술 문제와 제시된 지문의 일부이다.

> 문제 지문 (가)를 참고하여 지문 (나)를 비판적으로 분석하고, 이를 토대로 지문 (다)와 지문 (라)에 나타난 문제에서 보이는 공통점을 찾아 그 해결 방안을 제시하시오.

> 지문 (가) 의인관Anthropomorphism은 동물이나 사물과 같은 인간 이외의 존재에게 인간의 정신적 특성을 부여하려는 입장을 말

한다. 그러나 인간은 오랫동안 스스로를 유일무이한 주체로서 자아 이외의 객관적 세계는 자신의 의식 내용에 지나지 않는다는 '솔립시즘Solipsism' 혹은 유아론唯我論적 경향을 지녀 왔기 때문에, 사나운 바람은 자연의 분노로 해석하고 상어 떼의 공격은 적대적인 것으로 생각해왔다. 그런데 동물과 관련해서 사람들은 종종 정반대의 실수를 한다. 인간은 바로 자기 눈앞에 있는 것을 등한시하고 동물이 아는 것, 행동하는 것, 생각하는 것, 느끼는 것을 과소평가한다. 사람들에게도 좋아하는 것과 싫어하는 것이 있는데, 이는 바람직한 선택을 내리며 세상을 살아가게 한다는 점에서 유용하다. 마찬가지로 동물도 똑같은 감정적 지침을 가지고 있는데, 그들은 감정 표현을 숨기거나 비밀로 하지 않는다. 동물의 감정 세계는 매우 공개적이다. 그들은 자신에게 일어나는 일에 대해 느끼는 바를 있는 그대로 드러낸다. 이런데도 과학자들은 우리가 동물이 생각하거나 느끼는 것을 알 길이 없다고 주장해왔다. 오늘날 이 주장은 과학적 자료를 보수적으로 해석하려는 입장이라고만 보기는 어렵다. 이는 현재 상태를 유지하고 인간이 우월하다는 생각을 유지하기 위한 구실일 뿐이다. 사람들은 역사적으로 상당 부분 인간의 감정과 사고의 특성에 기반을 두어 스스로를 다른 동물보다 우월한 존재로 구분 지어 왔다. 그러나 동물의 감정을 부인하는 것은, 거의 매일 새롭게 나오고 있으며 그 수가 폭발적으로 늘고 있는 확고하고 흥미진진한 과학적 연구에 정면으로 배치되는 것이다. [중략] 동물이 감정적 존재인 것은 우리가 원해서가 아니라 동물 역시 사람과 마찬가지로 생존을 위해 감정을 지녀야 하기 때문이다. 그리고 흥미로운 점은 이러한 우리의 직관이 과학연구에 의해 강력히 뒷받침되고 있다는 것이다. 과학은 우리가 지금까지 감지해오던 것을 이제야 따라잡고 있다.

지문 (나), (다), (라) 생략

※ 출처 및 참조: 한양대학교 홈페이지

지문 (가)는 고등학교 교과서 『독서와 문법』에 실린 마크 베코프Marc Bekoff의 '모든 동물은 생각하고 느낀다'는 글의 일부이다. 문제를 비판적으로 사고하고 해석하면 첫 번째 문제는 (가)의 관점에서 보면 (나)에 제시된 근거가 논리적으로 참이라고 해도 결론이 옳지 않다는 의미이다. 두 번째 문제는 첫 번째 문제를 해결한 후에 (다), (라)에 공통으로 나타난 문제점을 해결할 수 있는 대안을 쓰라는 요구이다. 그런데 학생들이 글의 구조와 관련된 '주장과 근거', '비교와 대조', '원인과 결과', '문제 제기와 대안', '전제와 결론', '주장과 반박', '개념 나열식 전개', '일반적 구체적 전개', '통시적 전개' 등 독해 기술을 익혔다고 해도 과연 이 두 문제를 잘 풀 수 있을지는 의문이다. 이 문제들을 풀려면 독해 기술뿐만 아니라 지문과 관련된 사실적, 개념적 지식을 많이 알고 있어야 한다.

2015년 연세대학교 인문계열 논술고사에 나온 다음의 지문을 읽어보자.

동물들은 자의식적이지 않으며 단지 목적에 대한 수단으로 존재할 따름이다. 그 목적은 인간이다. 우리는 "왜 동물들이 존재하느냐?"라고 질문할 수 있다. 하지만 "왜 인간이 존재하는가?"라는 질문은 무의미하다. 동물들에 대한 우리의 의무는 인류에 대한 간접적인 의무일 뿐이다. 동물의 본성은 인간의 본성과 유사성을 가진다. 그리고 우리는 동물에 대한 우리의 의무를 수행함으로써 간접적으로 인류에 대한 우리의 의무를 수행한다. 따라서 만일 개가 그의 주인에게 오랫동안 충실하게 봉사한다면, 그의 봉사는 인간의 봉사와 마찬가지로 보상받을 가치가 있다. 그리하여 개가 봉사가 어려울 정도로 늙어버리더라도, 그 주인은 개가 죽을 때까지 함께 있어야 한다. 그러한 행동은 인간에 대한 우리의 필수적인 의무들을 지지한다. 동물의 어떤 행동이든 인간 행동과 유사하고 같은 원리로부터 나온다면, 우리는 동물에 대한 의무를 갖는다. 우리는 인간에 대한 상응하는 의무를 함양하기 때문이다. 만일 어떤 사람이 자신의 개가 더 이상 봉사할 수 없다는 이유로 그것을 쏴 죽인다면, 그의 행동은 인류에 대해 보여주어야 하는 자신의 인간성에 해를 입히는 것이다. 그가 자신의 인간적인 감정을 구태여 억눌러야 하는 것이 아니라면, 그는 동물에게 친절하게 대해야만 한다. 동물에게 잔인한 사람은 사람들을 대하는 데에서도 거칠어지기 때문이다. 우리는 동물을 어떻게 대하는지에 따라 사람의 마음을 평가할 수 있다. 라이프니츠는 관찰 목적으로 아주 작은 곤충을 이용하고는 그것을 조심스럽게 나뭇잎 위에 다시 되돌려놓았다. 그것이 그의 행동으로 인한 어떠한 해도 입지 않도록 하기 위해서였다. 그는 아무런 이유 없이 그러한 생명체를 파괴한다면 미안한 일이라고 느꼈을 것이다. 그것은 인간에게 자연스러운 감정이다. 인간처럼 말하지 못하는 동물들에 대한 자애로운 감정은 인류에 대한 인간적 감정을 발전시킨다.

※ 출처 및 참조: 연세대학교 홈페이지

이 지문은 고등학교 교과서『생활과 윤리』중 '인간중심주의'와 '생태중심주의' 단원에 실린 글로 임마누엘 칸트 Immanuel Kant 의『윤리학 강의』에서 발췌하여 편집했다. 이 지문에는 앞서 살펴봤던 한양대학교 모의논술 지문 (가)를 독해할 때 도움이 되는 맥락적 단서가 들어 있다. 칸트는 동물에 대한 의무를 인류에 대한 의무와 유비 관계로 설정한 뒤에 동물에게 친절을 베푸는 태도는 인류애를 발전시키는 길이라고 주장한다. 지문 (가)와 이 지문은 대등하지는 않지만 동물 보호에 대한 입장은 일치한다. 이로 보듯 이 지문에 나오는 어휘나 문장의 의미를 잘 알면 지문 (가)를 그다지 어렵지 않게 분석할 수 있다.

혹자는 지식을 굳이 기억하지 않더라도 인터넷으로 '키워드'를 검색하여 과제를 해결할 수 있다고 말한다. 하지만 검색한다고 바로 자신의 지식이 되거나 실제로 전이할 수 있는지는 의문이다.

다음 시를 읽어보면 키워드 검색의 한계를 분명하게 알 수 있다.

고비라는 이름의 고비

고비에 다녀와 시인 C는 시집 한 권을 썼다 했다 고비에 다녀와 시인 K는 산문집 한 권을 썼다 했다 고비에 안 다녀와 뭣 하나 못 읽는 엄마는 곱이곱이 고비나물이나 더 볶게 더 뜯자나 하시고 고비에 안 다녀와 뭣 하나 못하는 나는 곱이곱이 자린 고비나 떠올리다 시방 굴비나 사러 가는 길이다 난데없는 고비라니 너나없이 고비라니, 너나없이 고비는 잘 알겠는데 난데없는 고비는 내 알 바 아니어서 나는 밥숟갈 위에 고비나물이나 둘둘 말아 얹어 드리는데 왜 꼭 게서만 그렇게 젓가락질이실까 자정 넘어 변기 속에 얼굴을 묻은 엄마가 까만 제 똥을 헤쳐 까무잡잡한 고비나물을 건져 올리더니 아나 이거 아나 내 입 딱 벌어지게 할 때 목에 걸린 가시는 잠도 없나 빛을 보자 빗이 되는 부지런함으로 엄마의 흰머리칼은 해도 해도 너무 자라 반 가르마로 땋아 내린 두 갈래 길이라는데 어디로 가야 하나 조금만, 조금만 더 필요한 위로는 정녕 위로 가야만 받을 수 있는 거라니 그렇다고 낙타를 타라는 건 상투의 극치, 모래바람은 안 불어주는 게 덜 식상하고 끝도 없는 사막은 안일의 끝장이

니 해서 나는 이른 새벽부터 고래고래 노래나 따라 부르는 까
닭이다 한 구절 한 고비, 엄마가 밤낮없이 송대관을 고집하는
이유인 즉슨이다

출처: 김민정, 『그녀가 처음, 느끼기 시작했다』 문학과지성사, 2009

아무리 인터넷을 검색하며 이 시를 읽어도 멋지게 감상하거나
전이하는 일은 쉽지 않다. 검색으로 학습 시간을 줄일 수 있고 거
의 무한대로 지식을 이용할 수 있지만 너무 얕은 기술이라 반드
시 좋은 정보를 얻을 수는 없다. 오히려 검색하는 사람이 지식을
얼마나 알고 있느냐에 따라 검색할 범위나 검색된 정보의 질이
달라진다.[7]

이 시에도 '고비'라는 단어가 아홉 번이나 쓰이고 있는데 사전
에서 검색하면 그 뜻이 스무 개가 넘는다. 또 검색하는 사람이 이
시에 대한 감상력을 높이려면 문맥을 깊이 이해하여 단어의 의
미 차이를 분명하게 구별할 수 있어야 한다. 사전에 나오는 "고삐
라는 단어는 경상도 사투리이다."라는 하나의 문장만 이해하려
고 해도 '고삐', '경상도', '사투리'의 의미를 기억하고 있어야 하
니 실제로는 검색할 단어가 훨씬 많다. 이뿐만 아니라 '고비'와
'고비나물'이 동의어라는 관계도 알아야 하고, 시의 전반부에 나
오는 '고비'는 사전적 의미와는 무관하게 몽골고원에 있는 '고비
사막'으로 짐작되는데 그에 대한 사전지식이 있거나 후반부의 모
래바람을 통해 추론할 수 있어야 한다. 이처럼 이 시에 대한 감상

'핵심역량'을 높이는 비법은 지식에 있다

력을 높이려면 고비와 관련한 여러 어휘의 뜻과 맥락적 의미까지 하나하나 구분하여 이해해야 한다.

요컨대 교육당국이 "인공지능으로 지식에 대한 기억 교육을 대체할 수 있다."고만 주장하면 사실적, 개념적 지식이 부족한 학생일수록 검색하는 횟수만 많아지고 이를 전이하는 일은 더 간단치 않게 된다. 모르는 단어를 검색할 수는 있지만 정작 단어를 설명하는 어휘나 문장을 이해하지 못해 계속 검색할 수밖에 없어 작업기억은 끝내 과부하에 걸리게 되고 제대로 된 배움이 일어날 수 없다.

뇌의 학습 메커니즘을 알아야 한다

교육과정도 사고 기술에만 치우쳐서는 안 된다. 교과서는 초·중·고 내내 교과의 전체 구조를 보여주는 소수의 핵심개념으로 구성되는데, 이전 학교급이나 학년에서 학습한 내용을 다음 교육과정에서 그대로 반복해 싣지는 않는다. 따라서 상위 학교의 교과서에는 생략된 정보가 숨어 있을 수밖에 없고 이전 과정을 제대로 학습하지 않은 학생은 어지간히 보충학습을 하지 않는 한 '학습의 누적적 결손Cumulative Deficit of Learning'을 피할 수 없다.

영국의 교육전문가 데이지 크리스토둘루Daisy Christodoulou는 "어떤 과제를 해결할 때 지식이 장기기억에 많이 저장되어 있으면 바로 쓸 수 있고 '점화 효과에 따른 활성화 확산'을 기대할 수 있다."[8]고 말한다. 이를테면 교사가 이병주 작가의 〈지리산〉을 가르친 후 조정래 작가의 〈태백산맥〉과 관련된 문제로 시험을 치렀는데 다수의 학생이 해답을 쓰지 못했다면 〈지리산〉을 수업할 때 그 주제인 '보수와 진보를 가리지 않는 이념의 폭력성', '체제의 억압', '인간의 이기심'과 관련된 지식을 제대로 이해하지 못했다고 짐작할 수 있다. 어떤 학습이든 처음에는 지식에 대한 이해로부터 출발하고 그 후에 적용, 평가, 창의력 발휘 등으로 점차 학습 수준이 높아진다.

교사가 수업이 실패한 원인을 찾아 교수·학습의 질을 개선하려면 뇌에서 정보를 이해하는 메커니즘을 잘 알아야 한다. 우리 뇌에 시각, 청각 정보가 들어오면 전두엽은 과거에도 쓰였는지 혹은 유사한 형태로 저장되어 있는지를 검색하면서 정보를 처리하기 시작한다. 수업에서 교과 지식을 배웠어도 시험 문제를 풀지 못하는 것은 장기기억에 관련된 정보가 없거나 혹은 어딘가에 남아 있더라도 산만한 상태라서 찾지 못하기 때문이다. 'A'라는 정보를 'A'라고 기계적으로 기억했다면 그렇게 될 가능성이 높고 대신 'A'라는 정보를 'B'와 연결하고 'B'는 알고 보니 'C'라는 식으로 조직적이고 체계적으로 부호화하여 학습했다면 시험 문제를 쉽게 풀 수 있다.[9]

또 새로운 지식을 가르치고 바로 시험을 치르면 문제를 잘 풀지 못하는 것은 당연하다. 뇌에서 정보가 처리되는 데 시간이 걸릴 수밖에 없어 장기기억에서 관련 정보를 바로 인출할 수 없기 때문이다. 새로운 지식이 감각기관으로 들어오면 전두엽은 시상에서 분류한 후에 연합영역을 거쳐 측두엽 안쪽에 있는 해마로 보낸다. 해마는 작업기억에서 부호화와 조직화를 통해 이해, 추론, 의사결정 같은 복잡한 과제를 수행하며 장기기억으로 저장한다.[10] 이런 과정을 거친 후에야 비로소 문제와 관련된 정보를 장기기억에서 찾아 해답을 적을 수 있다.

창의력을 해치는
환상을 타파하라

창의력은 새로운 생각을 해내는 힘이지만 뇌는 항상 새로운 생각을 하지는 않는다. 어떤 상황을 새롭게 이해하려고 하지만 아는 지식을 적용하여 신경 에너지를 줄이려고 한다. 이 방식은 수백억 년 동안 이어진 진화의 산물로 우리에게 과거에서 현재로의 변화를 자연스럽게 받아들이도록 한다. 이를테면 새로운 전화기인 스마트폰은 구식 전화기 아이콘을 건드리면 전화가 걸리거나 카메라 아이콘을 누르면 파일이 작동하면서 셔터 소리가 나도록 만들어졌다. 우리가 온라인에서 구매할 때도 상품을 쇼핑카트에 넣어야 한다. [11]

교육에서 창의력을 역설하는 메시지는 진부할 정도로 많지만 더욱 관심을 두게 된 배경이 있다. 전통적으로 비판적 사고는 '훌륭한 사고란 무엇인가?', '훌륭한 사고력을 가르치려면 어떻게 해야 하는가?'라는 물음에서 시작되었다. 다수의 전문가는 보통 이런 사고 기술을 '논리주의적 사고'라고 받아들였다. 즉 훌륭한 사고를 하려면 누구에게나 유용하다고 알려진 분석적, 추상적, 보편적 사고의 방식을 따라야 한다. 반면 일군의 사고 전문가는 이런 주장에 동의하지 않는다. "훌륭한 사고는 분석적 사고보다는 상상, 공감, 직관과 같은 비분석적 방식을 따라야만 높아질 수 있다."라고 주장한다. 꼭 논리주의적 사고를 부정하는 것은 아니지만 엄격한 추론의 규칙들과 당연하다고 알려진 증거들을 뒤로 미룰 때 보다 창의적인 문제 해결 방식이나 결론을 찾아낼 수 있다고 보는 것이다.[12]

하늘 아래 새로운 것은 없다

창의력은 어떻게 길러지는 것일까? 파블로 피카소 Pablo Picasso 가 미술사에서 어떻게 독보적인 흔적을 남겼는지를 보면 그 해답을 찾을 수 있다. 피카소는 학교에서 모범생은 아니었고 일찍 자퇴했다. 어느 날 스페인 마드리드에 있는 프라도 미술관에서 바로크 미술의 거장 디에고 벨라스케스 Diego Velázquez 의 작품을 본 후 피카소의 삶은 바뀌기 시작했다. 그림을 배워야겠다는 강렬한 욕구와 예술가적 영감이 솟구쳤고 그만큼 열정을 다해 그림을 배우고 그렸으며 결국 창의력의 대가로 우뚝 서게 되었다. 지금도 스페인 바르셀로나에 있는 피카소 미술관 한쪽 벽에는 그가 벨라스케스를 모방해 그린 무수한 그림들이 전시되어 있다.[13]

피카소의 작품 중 〈아비뇽의 처녀들〉은 원근법과 명암법에 따라 그림을 그리던 르네상스 미술의 500년 전통을 뛰어넘어 구상에서 추상으로 나아가는 혁신적인 큐비즘을 창조한 작품이다. 그림에서 두 여인은 그나마 제대로 된 모습으로 보이지만 양옆 여인 셋을 보면 신체의 조각들이 뒤섞여 있다. 오른쪽 전경에 팔꿈치를 괴고 있는 여인은 왼쪽 눈으로 정면을 보고 오른쪽 눈은 3/4 각도로 옆을 응시하는데 어떤 시선과 표정인지 가늠하기 어렵다. 몸과 머리는 따로 놀고 등과 얼굴이 동시에 보이는가 하면 눈과 입의 위치도 상식으로는 이해하기 어렵다. 그 뒤에 아프리카 가면을 쓴 것처럼 보이는 여인은 정면을 응시한다. 여인은 청색 커튼을 젖히면서 공간을 넘어오지만 머리는 늑대나 여우의 주둥이처럼 보이며 얼굴에는 녹색과 적색 줄이 그려져 있고 몸은 부자연스럽게 보인다. 왼쪽에 부동자세를 하듯이 서 있는 여인은 가면을 쓴 듯 굳은 표정을 짓고 있다.

피카소가 이런 그림을 그린 배경에는 "사물을 관찰자의 시선에 따라 분해하고 각 부분에 의도적으로 색채와 형태를 부여하고 합목적적으로 종합하면 사물의 실재와 회화의 감각적인 요소를 모두 표현할 수 있다."는 의도가 숨어 있다. 하지만 이런 회화 기법은 당시의 미술 전문가는 물론이고 주변의 동료들조차 낯설었다. 그와 가까웠던 야수파의 거장 앙리 마티스^{Henri Matisse}도 전혀 이해할 수 없었고 친구인 조르주 브라크^{Georges Braque}는 "자네는 우리가 톱밥을 먹고 석유를 마시길 원하는 것 같군!" 말하며 화를 낼 정도였다.[14]

사실 이 작품이 완전히 새롭고 거부감이 들 정도로 이해할 수 없는 그림은 아니다. 벨라스케스의 작품 〈아라크네의 우화〉는 〈아비뇽의 처녀들〉보다 250여 년 전에 탄생했지만 비슷한 느낌이다. 그는 우리 눈은 사물을 만져가며 보지 않기 때문에 지각하는 방식대로 그려야 한다고 생각했다. 그림에서 물레는 돌기 때문에 바퀴의 살은 하나하나 그려지지 않았고 인물들도 거리를 지나가다가 우연히 본 사람들처럼 자연스럽게 배치되어 있다.[15]

피카소는 색채를 중요한 미술 기법으로 보았고 비평가들도 그의 작품 시기를 색채에 맞춰 구분한다. 초기에는 주로 청색을 사용했고 시간이 지나면서 장밋빛으로 색채를 바꿨다. 〈아비뇽의 처녀들〉도 왼쪽에는 황갈색, 중앙과 오른쪽에는 청색이 주조를 이뤄 색감으로 보면 청색 시대와 장밋빛 시대를 섞어놓은 것 같다.[16] 특히 그림을 그릴 때 색채를 실재처럼 표현하지 않았는데 이마저도 독창적이지는 않다. 그의 동료이자 예술적 스승이었던 마티스에게 크게 영향을 받았기 때문이다.

마티스는 다수의 화가와는 다르게 사물을 표현할 때 데생보다는 색채를 중요하게 봤지만 이것만으로 마티스의 위대성을 설명할 수 없다. 이런 흐름은 모네, 마네, 세잔 등 인상파 화가들에게는 보편적인 특징이었다. 다만 마티스의 예술적 재능은 대상의 색채를 드러낼 때 사실적으로 인정한 색채마저 받아들이지 않았다는 데 있다. 이를테면 나무는 빨간색, 사람의 피부는 파란색, 하늘은 노란색 등 원색으로 채색하기를 즐겼다. 그가 자신의 아내를 그린 〈마티스 부인의 초상〉에는 이런 점이 잘 드러나 있다.

그림을 보면 부인은 크고 화려한 모자를 쓰고 주황색 벨트가 달린 사치스러운 드레스를 입었다. 물감을 칠했다기보다는 덕지덕지 붙인 그림처럼 보이고 얼굴도 피부색 대신에 녹색, 연보라색, 파란색이 섞여 있다. 모자 밑으로 보이는 머리카락도 한쪽을 빨간색으로 다른 쪽을 녹색으로 채색했다. 사람의 신체와 의상의 색채가 사실적 이미지와는 전혀 다르게 표현되어 있음을 볼 수 있다.

애플의 창업자 스티브 잡스Steve Jobs는 2001년 처음 출시된 '아이팟'을 설명하면서 이렇게 말했다.

> 창의력은 그저 이것저것을 연결하는 일이다. 창의적인 사람에게 어떻게 그걸 해냈느냐고 물으면 그는 자신이 실제로 하지 않아 약간의 죄의식을 느낄 수 있다. 그들은 단지 무언가를 봤을 뿐이다. 얼마 지나지 않아 그것이 분명해 보이면 자신의 경험을 연결해 새롭게 합성했을 뿐이다. [17]

자본주의의 황금기인 포디즘 시대를 열었던 헨리 포드^{Henry Ford}의 혁신적인 자동차 생산방식도 계보가 있다. '모델 T' 자동차를 생산할 때 컨베이어벨트 시스템을 도입했는데 사실 새로운 방식은 아니었다. 19세기 초 이미 미국의 발명가 엘리 휘트니^{Eli Whitney}가 호환 가능한 부품으로 이뤄진 무기를 제작해 미군에 공급했고, 포드는 이런 아이디어를 자동차를 대량으로 생산하는 방식에 적용했을 뿐이다. 18세기 담배 공장의 작업 속도를 높이는 데 공헌했던 '일괄작업' 방식도 생산 공정에 차용했고, 한 공장에서 모든 부품을 결합하는 조립 라인을 설치한 것도 19세기 말부터 돼지 도축장에서 쓰던 방식이었다. 포드는 특별한 비법을 묻는 질문에 항상 다음과 같이 대답했다.

> 나는 어떤 새로운 일도 하지 않았다. 몇 세기 동안 다른 사람이 발견한 방식을 활용해 단지 여러 부품을 자동차로 조립했을 뿐이다.[18]

창의력을 높이는 기억 활성화 전략

피카소, 잡스, 포드의 사례에서 보듯이 창의력은 근본적으로 기억을 가공하는 능력이다. 교육적으로 이를 높이려면 몇 가지 학습 전략이 필요하며 꼭 기억해야 한다. 창의력은 교육능력 중에 맨 위에 위치하고 있고 분석력, 논리력, 표현력 등 전반적인 학습 능력을 높이는 방법이기도 하다.

첫째, 정보가 작업기억에 오래 유지될 수 있도록 실질적인 용량을 늘려줘야 한다. 작업기억은 근본적으로 용량이 한정되어 있으므로 한꺼번에 많은 정보를 처리할 수 없다. 이를 해결하기 위한 수단으로 '청킹Chunking'이 있다. 청킹은 정보를 기존 지식을 활용해 의미 있게 연결하거나 묶는 인지 과정이다. 작업기억은 한 번에 평균적으로 4~5개 정도의 정보를 유지할 수 있는데 이런 부담을 줄여주면 용량을 늘릴 수 있다. 이를테면 전화번호 11개를 3개 청크(단위)로 묶어 기억하면 효과적이다.[19]

둘째, 작업기억에서 인지 과부하가 생기지 않도록 해야 한다. 작업기억에 들어오는 정보의 속도가 장기기억으로 옮길 때보다 빠르면 주의를 집중하기 어렵다. 정보는 작업기억에 들어온다고 즉시 처리되지 않는다. 보통 뇌로 들어온 정보는 그날 밤 통합을 시작하지만 어떤 정보는 후순위로 처리되기 때문에 모두 통합하려면 시간이 걸린다. 따라서 교사가 교육 내용을 짧게 여러 개의 단위로 나눠 가르치면 학습에 효과적이다. 우리 뇌는 지식을 통합하는 데 여유가 생기면 더 많이 학습할 수 있지만 한 번에 많은 양이 들어오면 취약해진다.[20] 그렇다고 학습의 양과 시간을 늘리는 방식이 꼭 잘못됐다는 뜻은 아니다. 심리학자 헤르만 에빙하우스Hermann Ebbinghaus의 실험에 따르면 일정한 분량의 단어를 외우게 하고 성취기준에 도달한 학생들에게도 반복 시간을 늘려주자 더 오랫동안 단어를 기억했다.[21] 즉 학습 시간을 늘리더라도 학습과 휴식을 번갈아가면 학습 효과를 높일 수 있다.

셋째, 정보를 장기기억으로 신속하게 옮기는 '되뇌기^{Rehearsal}'는 좋은 전략이다. 되뇌기는 정보를 여러 차례 반복하며 암기하는 전략이다. 되뇌기에는 '유지형 되뇌기^{Maintenance Rehearsal}', '정교한 되뇌기^{Elaborate Rehearsal}', '조직화 되뇌기^{Systematic Rehearsal}'가 있다. 유지형 되뇌기는 정보를 그대로 암기하는 기계적 암기이고 정보의 의미를 분석하지 않기 때문에 의미 있는 기억 전략은 아니다. 정보를 작업기억에서 길게 유지할 수 없으며 고등사고력을 높이지 못한다. 정교한 되뇌기는 장기기억에 저장된 지식과 관련 짓는 인지 전략이다. 이를테면 영어 단어 'Anniversary'를 의미적 관련이 깊은 결혼기념일과 연결해 '벌써 결혼 20주년이 되었다.'라는 문장으로 되뇌거나 '사과'를 의미적 연관성이 상대적으로 떨어지지만 '낙타'와 연결해 '낙타는 사과를 먹는다.'고 되뇌는 것을 말한다. 태양계 행성의 이름을 '수·금·지·화·목·토·천·해·명' 식으로 첫머리 글자를 연결하여 기억하는 전략도 정교한 되뇌기에 해당한다. 조직화 되뇌기는 정보를 공통적인 범주로 묶어 재구조화하여 외우는 방식이다. 이를테면 소, 책상, 사과, 소파, 체리, 사자, 말 의자, 복숭아라는 어휘 모음을 '사과·체리·복숭아, 과일', '사자·말, 동물', '책상·의자, 가구'로 따로 묶어 기억한다.[22] 이처럼 정교화나 조직화로 부호화를 하면 작업기억의 인출 부담을 줄여주는 이점이 생긴다.

되뇌기는 점화 효과도 기대하게 만든다. '점화 효과^{Priming Effect}'

는 먼저 제시된 점화 단어Priming Word가 나중에 제시된 표적 단어 Target Word에 영향을 미치는 현상이다. 즉 둘 사이의 연관성에 따라 더 빠르거나 늦게 떠올리는 현상을 뜻한다. 이를 '활성화 확산Spreading of Activation'이나 '의미망Semantic Network'으로 설명할 수 있다. 우리 뇌의 기억에서 단어나 개념은 고리처럼 연결되어 네트워크를 만들고 한 단어나 개념의 활성화는 자동적으로 밀접한 단어나 개념 순으로 확산되며 의미가 동떨어질수록 비활성화된다고 보는 모형이다. 누군가 '노란색'이라는 소리를 들으면 대다수는 노란색과 관련된 단어나 개념, 이를테면 '바나나'를 먼저 떠올리지 관련이 적은 '불'이나 '일출'을 좀처럼 떠올리지 않는다. 노란색이 바나나에 대하여는 긍정적인 점화 효과로, 불이나 일출에 대하여는 부정적인 점화 효과로 나타나기 때문이다.

교사가 수업에서 점화 효과를 고려해 가르치면 어휘판단 및 음독과제 수행 능력을 높일 수 있다. 이를테면 간호사에 대해 학습할 때 사전지식으로 학습자에게 동기를 끌어내려면 '빵'보다는 '의사'에 대한 사실적, 개념적 지식을 제시하는 것이 바람직하다. 이처럼 정보가 정교화 방식으로 저장되면 새로운 정보가 작업기억에 들어올 때 의미 점화를 기대할 수 있다. 또 정보가 인출될 때 부적합한 정보가 처리되는 간섭마저 줄어든다.

많은 정보가 장기기억에 저장되어 있기 때문에 끌어내려는 정보와 유사한 정보가 인출을 방해할 수도 있다. 그 유형에는 미리 학습된 정보 때문에 방해를 받는 '순행 간섭'이 있다. 평소 두던

곳에 열쇠를 놓지 않고 다른 곳에 놓으면 열쇠를 찾을 때 애를 먹는 경우가 많은데 평소 두던 곳의 기억이 먼저 활성화된 탓이다. '역행 간섭'은 나중에 학습된 정보가 정보의 인출을 방해하는 현상이다. 어제 만난 사람이 '김철수'라면 일주일 전에 만났던 '이철호'라는 사람의 이름이 생각나지 않을 수 있다. 하지만 새로운 정보를 조직화를 통해 부호화하면 장기기억에 분명하게 구분되어 저장되며 정보가 인출될 때 혼란이 줄어든다.[23]

넷째, 장기기억에서 정보가 잘 인출될 수 있도록 적절한 상황을 만들어줘야 한다. 이를테면 정보를 부호화할 때와 유사한 상황을 만들어 인출을 유도하는 것이다. 영국의 심리학자 고든과 배들리Godden & Baddeley는 잠수부에게 특정한 단어들을 학습시킨 후 회상시키는 실험을 했는데 학습할 때와 인출할 때의 상황을 같게 만들었더니 더 많은 단어를 떠올렸다.[24] 조선 시대 중상주의 실학자였던 연암 박지원이 쓴 『연암집』에도 이와 관련된 이야기가 실려 있다.

화담 서경덕이 밖에 나갔다가 자기 집을 찾지 못하고 길에서 우는 자를 만나서 물었다.

- 너는 어찌 우느냐?

- 저는 다섯 살 적에 소경이 되었는데 그런 지가 지금 이십 년입니다. 아침나절에 밖에 나왔다가 갑자기 천지 만물을 환하게 볼 수 있었습니다. 기뻐서 집으로 돌아가려니까 밭둑에는 갈림

길이 많고 대문들은 서로 똑같아 저의 집을 구별하지 못하겠습
니다. 그래서 울고 있습니다.

- 그럼 내가 너에게 돌아갈 방도를 가르쳐주마. 네 눈을 도로
감으면 바로 네 집이 나올 것이다.

이에 소경이 눈을 감고 지팡이로 더듬으며 발길 가는 대로 걸
어갔더니 곧바로 집에 이르게 되었다. [25]

다섯째, 교사가 수업에서 시청각 자료를 활용하거나 수업 내용
을 '스토리텔링 Storytelling' 방식으로 가르치면 더욱 효과적이다. 우
리 뇌는 시각정보와 청각정보가 동시에 뇌로 들어오더라도 시각
정보는 후두엽에서, 청각정보는 측두엽에서 처리되므로 정보가
충돌하는 병목 현상을 일으키지 않는다. 오히려 두 정보는 '다중
감각 영역'에서 통합되어 시너지 효과를 낼 수 있다. 이를테면 시
각정보를 'A'라고 하고 청각정보를 'B'라고 하면 단순히 정보가
'A'와 'B' 병렬적으로 처리되는 데 그치지 않고 'C'를 보여줄 수
있다. 그렇기에 이를 적절하게 활용하면 정보를 더욱 분명하게
이해할 수 있고 새로운 정보망을 구성하여 이해할 수 있다.[26] 하
지만 이는 정보의 충돌에서 보듯이 그리 쉬운 일은 아니다.

우리는 가능하면 많은 정보를 한꺼번에 수집하려고 하지만 뇌
는 두 가지 이상의 정보 흐름을 동시에 받아들일 때 엄청난 어려
움을 느낀다. 서로 다른 두 정보가 동시에 처리될 수 없고 서로
다르게 처리되며 정보를 폭넓게 이해할 수 있을 뿐이다. 따라서

작업기억의 처리속도를 빠르게 하는, 즉 정보처리용량을 키우는 여러 선행 작업이 수반되어야 한다. 시각정보와 청각정보를 통합적으로 받아들이는 일은 좋은 일이지만 제반 조건이 미비하면 한쪽에 집중하는 편이 훨씬 효과적이다. 그럼에도 이 방법을 드는 이유는 우리가 정보를 받아들일 때 시각정보와 청각정보를 병행하면 의미 이해의 폭을 넓히고 창의력을 높일 수 있기 때문이다.

또 우리 뇌는 이야기 스타일의 정보를 좋아한다. 마음 이론에 따르면 인간의 뇌는 본능적으로 '나' 아닌 '다른 존재의 마음'에 관심이 많다.[27] 신생아가 가장 먼저 익히는 삶의 기술이 다른 사람의 표정을 살피는 일이다. 심지어 아이들은 꽃이나 하늘 등 자연물도 마음이 있다고 상상하며 소통하려고 한다. 따라서 교사가 수업에서 이런 특성을 활용하면 학생들의 기억 능력을 높일 수 있다. 학생들에게 새롭게 배워야 할 내용을 친숙한 공간인 집, 교실 혹은 자주 다니는 산책길 등을 떠올리게 하는 이야기로 바꿔 가르치면 수업에 몰입하게 되어 장기기억으로 옮길 확률이 높아진다. 뇌하수체 후엽에서 사랑의 호르몬인 옥시토신이 분비되어 교사의 뇌를 무의식적으로 모방하는 신경결합이 일어나기 때문이다.[28]

여섯째, 학생들에게 충분한 휴식을 줘야 한다. 학교 교육과정에도 휴식 시간을 수업시수로 편성하고 운영해야 하며 특히 학생들을 야간 자율학습으로 내몰며 밤늦도록 학원을 전전하지 않게 해야 한다. 휴식 없는 학습은 학생들의 기억력은 물론 창의력도 떨어지게 한다. 우리 뇌에는 창의력과 밀접한 관련이 있는 '디폴트 모드 네트워크Default Mode Network, DMN'라는 신경망이 있는데 바로 이 부위가 휴식할 때 활성화되며 이때 창의력이 발현된다. 해마는 정보를 받아들일 때는 적극적으로 나서지 않다가 휴식할 때 활성화되는데 전대상피질이 동떨어져 있던 개념을 무의식적으로 모아 독특한 아이디어를 떠오르게 하여 전두엽이 집중하도록 하고, 두정엽이나 쐐기앞소엽은 자신을 성찰하여 잊고 살았던 기억을 떠오르도록 한다.[29]

일곱째, 교사는 학생들이 모둠 활동을 할 때 '디자인 씽킹Design Thinking'을 하도록 가르쳐야 한다. 세계적인 디자인 회사 아이디오IDEO에 따르면 디자인 씽킹은 '공감하기→정의하기→아이디어 내기→시제품 만들기→시험하기'라는 다섯 단계를 거친다. 소비자를 관찰하여 진짜 문제를 찾아내고 그 문제를 해결할 수 있는 다양한 방법을 모색한 후 합리적인 평가를 통해 아이디어를 발전시켜 나간다.[30] 이를 교수·학습에 그대로 적용해보면 교사는 학생들의 학력 수준을 면밀하게 파악하고 그들의 처지에 공감한 후 모둠 활동을 통해 과제를 해결하도록 하며 '과정중심평가'를 통해 '피드백' 함으로써 사고 기술을 높일 수 있다. 교사가 개인별 맞춤형 지도를 하듯이 하나하나 문제를 해결해주면 순간 뿌듯할지는 몰라도 창의력을 키워주는 교수·학습과는 거리가 멀어진다. 다만 모둠 활동의 초점을 단지 학생들의 자유로운 활동에 두는 방식은 바람직하지 않다. 자유로운 수업 분위기는 학생들의 직관력이나 자기주도력을 높일 수 있지만 분석적 사고가 이루어지지 않으면 실제로 과제를 해결할 수 없고 새로운 생각이 번뜩인다고 해도 깊은 통찰력으로 이어지지 않는다.

여덟째, 융합적으로 사고하는 '호모 컨버전스^{Homo Convergence}'가 되도록 교육해야 한다. 체험활동은 학생들이 호모 컨버전스로 성장하는 데 효과적인 방식이지만 아무래도 학교 밖에서 이루어지기 때문에 의도한 대로 효과가 나타나지 않을 수 있다. 여러 체험활동 중에 독서는 융합적 사고를 기르는 데 가장 효과적이다.[31] 학생들에게 타인의 관점을 학습하고 새로움을 수용하려는 도전 의지를 키워줘 더 넓은 시야로 세상을 이해할 수 있도록 한다. 다만 독서를 하면서 줄거리만 읽고 요약하는 방식에만 머무른다면 창의력을 높일 수 없다. 모둠 활동 등을 통해 자신의 생각을 발표하고 또 다른 학생들의 관점과 의견도 함께 들어보도록 해야 한다. 이를테면 근현대사 교과서를 읽게 한 후 '조선이 망하지 않고 왕정으로 남아 있었다면 한국은 민주주의 국가가 될 수 있었을까?'와 같은 주제로 서로 발표하고 대화를 나누도록 유도해야 한다.

마지막으로 학교 교육과정에 예술교육을 늘려야 한다. 음악 시간에 듣고 싶은 음악을 마음껏 듣게 하고 미술 시간에 낙서를 허용하면 빈둥거리기만 할 것이라고 우려하지만 이런 느긋한 예술 교육은 창의력을 높이는 데 효과적이다. 실제로 예술은 산업 혁신의 수단으로도 쓰인다. 자동차 회사는 처음에는 '속도'에 온갖 역량을 쏟았지만 자동차가 보편적인 교통수단이 되자 속도 기술력만으로는 부족해졌다. 더 많은 자동차를 팔려면 멋진 디자인을 갖추지 않으면 안 되었다. 이런 현상은 비단 자동차 산업에서만 일어나는 것도 아니다.[32] 오늘날 전 산업 영역에서 기술과 예술은 빈번하게 서로 연결되어 함께 발전하고 있으며 창의력은 핵심 역량으로 기능한다.

호모 커뮤니쿠스가
되는 법

의사소통은 생각이나 감정을 교환하는 총체적인 행위이다. 타자에게 자신의 욕망을 전달할 수 있어야 개인적으로 불만족이나 좌절에서 벗어날 수 있고 사회적으로도 문명의 도약을 이룰 수 있다. 많은 국가는 의사소통을 삶의 필수적인 활동으로 보기 때문에 교육과정에서 중요한 학습 역량으로 정해 교육하고 있다.

　인간의 의사소통이 처음부터 원활했던 것은 아니다. 간단한 몸짓이나 눈짓으로 의사를 교환하다 보니 조금만 거리가 떨어져도 의사소통이 어려워져 자연스럽게 도태되었다. 다윈은 그 원인을 몸짓언어로 소통하려면 신체 모두를 써야 하고 어둠 속에서는 실행될 수 없는 탓이라고 봤다. 인간은 문자 언어를 만들고 나서야 비로소 의사소통의 장애를 극복할 수 있었다.

언어가 삶에서 필수도구라는 것은 언어 없는 세상을 상상해보면 금방 알 수 있다. 우리에게 남은 유일한 도구가 '제스처'나 '부르짖음'밖에 없다면 서로 생각이나 감정, 욕구를 제대로 전달하거나 이해하지 못할 것이다. 의사소통이 단절되면 사회적 협동체제는 무너지고 우리의 삶은 사실상 원시 시대로 되돌아간다.[33]

우리는 어릴 적부터 '듣기', '말하기', '읽기', '쓰기'와 관련된 언어 기술을 가르친다. 물론 비언어적 수단인 '몸짓', '표정' 등도 여전히 상당한 역할을 하기 때문에 빼놓을 수 없다. 특히 대화 내용과 함께 시간, 장소, 분위기, 태도 등을 포괄하는 메타 메시지로 기능한다. 언어적 메시지가 '무엇'에 해당하는 내용적 측면이라면 메타 메시지는 '어떻게'라는 방법적 측면에 해당한다. 언어뿐만 아니라 의사소통 예절을 가르치는 교육 또한 중요하다.

비언어적 소통의 유용성을 강조하더라도 역시 인간의 고유성은 보편적 수단인 언어에 있다. 우리는 포유류와 조류가 울음소리를 통해 욕구와 감정을 표현하며 소통한다는 사실을 알고 있다. 침팬지는 배가 고플 때, 위급할 때, 다른 침팬지를 부를 때 등 대략 서른 가지 서로 다른 소리로 소통한다고 알려져 있다. 그런데 이런 타고난 자연 언어는 인간 언어에만 있는 '표상 능력'과는 아무런 관련이 없다. 오직 인간의 언어만이 의사표현 수단에 그치지 않고 거의 온전하게 경험을 기억하거나 상상하도록 한다.[34]

의사소통을 잘하려면 그 수단이 언어적이든 비언어적이든 기술을 배워야 한다. 가령 사랑이 식어가는 연인이 커피숍에서 만났고 어색하고 답답한 분위기 속에서 여자가 먼저 일어나는 경우를 상상해보자. 이때 남자가 여자에게 어디로 가는지 묻고 여자가 주변에 산책하러 간다고 대답하면 남자는 여자가 다른 남자를 만나러 가는 것으로 의심할 수 있다. 만약 남자의 의심이 사실로 판명되면 여자가 말한 '산책'은 완전히 다른 의미가 된다.

이로 보듯 언어는 일정한 형식을 갖춘 엄격한 소통 체계이지만 언제 어떻게 쓰이냐에 따라 달라지며 상대방과 오해를 푸는 데 부족하거나 오히려 오해를 불러일으키기도 한다.[35] 사회적 삶을 포기한다면 모를까 이런 문제에 맞닥뜨리지 않으려면 서로의 의도와 지적 수준을 고려하여 명료한 언어를 쓰고 경청하며 감정을 조절하는 기술을 배워야 한다.

맥락의 수준을 파악해야 한다

대화를 하면서 상대방이 어떤 의도로 말하는 건지 또 어느 정도 배경지식과 믿음이 수반되어 있는지 고려해야 한다. 같은 어휘나 문장을 써도 표현의 겉에 드러난 의미와 숨어 있는 의미인 '맥락Context'이 서로 다를 수 있다. 어떤 언어는 숨은 뜻이 거의 없을 수도 있는데 이렇게 소통하는 방식을 '저맥락Low Context 소통'이라고 한다. 반면 다른 깊은 속뜻을 담고 있는 경우를 '고맥락High Context 소통'이라고 한다.

유기농 식품이 무엇인지를 묻는 사람에게는 농약이나 화학비료를 쓰지 않고 생산된 먹을거리로 설명하는 저맥락 소통으로도 충분한다. 하지만 상대방이 슈퍼마켓에서 팔 농산물을 산지 농민들과 계약하는 사람이고 그 농산물을 유기농 제품으로 표시해도 되는지 묻는 상황이라면 이보다 훨씬 더 자세한 설명이 필요하다. 바로크 건축이 무엇인지 전혀 몰라서 묻는 경우라면 17세기와 18세기 초기에 유행했던 역동적이고 화려한 장식을 한 양식 정도로 설명해도 충분하다. 반면 이 정도는 이미 알고 있는 사람이라면 좋은 본보기로 그와 연관된 사진이나 그림을 보여주는 방식이 나을 수 있다. 더 나아가 바로크 건축에 대해 전문가를 대상으로 책을 쓰는 상황이라면 훨씬 더 자세하게 들어가서 고전주의 건축이나 로코코 건축과의 차이점까지 설명하는 것이 좋다.[36]

일상에서 맥락 수준을 고려한 소통을 잘하려면 상대방의 표현 방식에 주의하고 잘 익혀둬야 한다. 자주 만나는 사람일수록 그 사람의 언어 스타일을 더 유심히 관찰하고 기억해야 한다. 사람은 의도적으로 단어나 문장을 반복하기도 하지만 무의식중에 같거나 비슷한 언어를 반복적으로 쓰곤 한다. 이를 '구조 프라이밍Structural Priming' 또는 '통사 프라이밍Syntactic Priming'이라고 한다. 예컨대 발화자가 능동문으로 대화를 시작한다면 뒤에서 다른 의미를 표현하더라도 무의식적으로 같은 스타일인 능동문 형식으로 표현하게 된다. 심지어 문법적인 기능을 하는 조사나 접속사 등 기능어를 쓸 때도 앞에 사용되었던 기능어를 뒷말에 자주 쓰곤 한다.[37]

명료한 언어를 써야 한다

어떤 낱말이 둘 이상의 의미를 갖고 있고 그중 어떤 의미로 사용되었는지 분명치 않을 때 보통 '애매하다'고 말한다. 낱말은 다양한 영역의 실체와 경험을 나타내기 위해 사용되기 때문에 한 낱말은 여러 가지 다른 의미를 지닐 수 있다. '다리'는 원래 사람이나 짐승의 몸통 아래에 붙어서 몸을 받치며 서거나 걷거나 뛰게 하는 부분을 가리키지만 '책상다리', '지겟다리'처럼 물건의 하체 부분을 의미하기도 한다. 낱말들이 모여 이루어진 문장은 더욱 애매해질 수 있다. 홍길동이 이몽룡에게 "응분의 대가를 받기를 원한다."고 말하면 홍길동의 의도가 확인되지 않는 한 이몽룡이 잘 되기를 바라는 건지 못되기를 바라는 건지 확실치 않다. 만약 국민의 삶에 영향을 끼치는 정책이 애매한 용어로 표현된다면 국민에게 큰 피해를 줄 수도 있다.[38]

> 만약 담배 광고가 금지된다면, 담배회사들은 광고에 지출할 돈을 절약하게 될 것이다. 그 결과 담배회사들은 그들끼리의 경쟁을 위해 담뱃값을 내릴 것이다. 그러므로 담배 광고를 금지하게 되면, 흡연 증가가 초래될 것이다.[39]

위 내용이 정책 입안자에게 '담배 광고를 금지할 것인가?'라는 주제를 토론하기 위한 보고서나 구두 진술로 전달된다면 별로 도움이 되지 않을 것이다. 우선 밑줄 친 '흡연 증가'라는 말이 흡연 인구의 증가인지 아니면 흡연자의 담배 소비량이 늘어난다는 의미인지 아니면 둘 다인지 분명하지 않다. 화자나 글쓴이가 다른 사람에게 의도적으로 근거가 빈약한 결론을 받아들이도록 이런 표현을 쓴 건지 단순히 실수인지도 알 수 없다. 이런 상황이라면 다양한 해석을 모두 평가할 수밖에 없으므로 시간과 비용을 낭비하게 되고 정책을 적시에 쓰지 못할 수 있다. 그렇다고 이 보고서에 따라 담뱃값을 내리면 흡연 인구가 늘어날까? 꼭 그럴 것 같지는 않다. 담배를 피우지 않는 것은 건강에 해롭거나 흡연에 대한 욕망이 전혀 없기 때문이다. 물론 담뱃값을 내리면 담배 소비는 늘어날 수 있다. 기존 흡연자도 흡연을 조금 늘리는 것을 대수롭지 않게 여길 수 있으며 오히려 가끔 흡연을 하지만 습관적으로 피우지 않던 사람들의 담배 소비는 늘 수 있다. 다시 말해 이런 보고서는 정책을 수립할 때 애매하게 만들 뿐이다.

모호한 언어도 쓰지 않아야 한다. 모호한 언어는 막연하고 구체적이지 못한 낱말을 뜻한다. '그 여자는 늙었다.'라는 말에서 '늙었다'에 대한 판단은 사람에 따라 달라진다. 초등학생에게는 20대 청년도 늙어 보일 수 있지만 40대 장년에게 20대 청년은 젊어 보인다. 이처럼 적당하게 얼버무린 언어는 생각과 감정을 잘 표현하지 못해 상대방에게 경험을 분명하게 전달할 수 없다.

영화 〈플래툰〉은 베트남 전쟁을 소재로 한 무시무시한 영화다.

이 영화는 1년의 전쟁 기간 동안에 있었던 소대원들의 경험을 보여준다. 이 영화는 손에 땀이 나게 하고, 흥미로운 줄거리를 가지고 있으며, 도덕적 결벽주의자들을 위한 영화는 결코 아니다. 주요 인물, 특히 찰리 쉰은 매우 훌륭하다. 나는 이 영화를 매우 좋아했다.[40]

이런 식의 글이나 말로는 영화를 본 경험을 성공적으로 전달할 수 없다. 영화를 본 소감을 정확하고 구체적인 언어로 설명하지 않기 때문이다. 위의 밑줄 친 낱말과 같이 모호한 언어를 사용하면 상대방은 그저 막연해질 뿐이다.

언어의 본질적인 특성상 모호성으로부터 완전히 벗어날 수는 없다. 모든 언어에는 사용자의 의도가 있으므로 사전적 의미만으로는 정확하게 이해할 수 없다. 가령 단테의 『신곡』에 나오는 '연옥 여행'이라는 표현에는 표면적 의미뿐만 아니라 '영혼의 속죄'라는 알레고리Allegory가 숨어 있다. 때로는 모호한 표현이 좋을 수도 있다.[41] 마이클 스크리븐은 모호한 낱말에 전제가 충분하게 주어지면 더욱 상황을 잘 설명할 수 있다고 본다.[42] 그렇다 해도 우리는 언어를 명료하게 써야만 의미나 해석에 대한 논란을 피할 수 있다. 이를 위한 여러 가지 의사소통 전략 중 '육하원칙' 준수는 가장 좋은 방법이다. 즉 '누가, 언제, 어디서, 무엇을, 어떻게, 왜'라는 물음을 먼저 자신에게 던지고 해답을 찾는 연습을 하면 소통할 때 모호성을 줄일 수 있다.

누가: 그 영화에 관련된 사람들이 누구였는가?(배우들, 감독, 제작자, 등장인물 등)

언제: 영화 속 사건이 언제 일어났는가?(역사적 상황)

어디서: 그 영화는 어디서 만들었는가?(물리적 위치, 문화적 배경 등)

무엇을: 영화에서 무슨 일이 있었는가?(배경, 사건들, 줄거리 전개 등)

어떻게: 영화는 사건들을 어떻게 묘사하는가?(배우들이 자신의 배역을 어떻게 만들어 내는가? 감독은 어떤 영화기법을 사용하는가?)

왜: 나는 이 영화에 대해 왜 이러한 의견을 내는가?(내가 그런 의견을 형성한 이유는 무엇인가?)[43]

'완곡어법'은 상황에 따라 적절하게 가려서 써야 한다. 완곡어법은 퉁명스럽거나 상스럽거나 직설적인 말을 좀 더 기분 좋고 덜 불쾌한 말로 바꾸는 화법이다. 죽음의 불쾌함을 감추기 위해 '떠났다', '하늘나라에 갔다', '생을 마감했다' 등으로 돌려서 표현한다. 일상에서 완곡어법을 쓰면 큰 문제는 되지 않지만 중요한 쟁점에 대해 의도적으로 표현하면 위험할 수 있다. 가령 알코올중독자가 자신을 '사교적 술꾼'으로 말하면서 질병을 감추고 도움을 회피하려는 화법은 경계해야 한다. 또 어떤 정치인이 자신의 발언에 대해 "진실과 다소 일치하지 않는다."라는 식으로 말하기도 하는데 이것은 대중이 거짓말을 눈치채지 못하도록 포장하는 전형적인 표현 중 하나이다. 나치의 대량 학살사건에 대해 '인종청소'라는 표현을 쓰는 것도 나치의 만행을 감추려는 속임수이다.[44]

정서적 언어도 가급적 쓰지 말아야 한다. '딱 반할 만한', '군침 도는', '수구꼴통', '빨갱이' 등 이런 표현들은 대부분 우리의 감정을 자극한다. 사실 사람에게 감정을 불러일으키는 능력은 언어가 지닌 비상한 힘이다. 우리는 정서적 경험을 한껏 드러내기 위해 정서적 언어를 사용하며 내적 해방감을 느낄 수 있다. 하지만 정서적 언어는 이중적이다. 자신의 정서를 표현하는 것에 그치지 않고 상대방에게 특정한 감정을 자아낸다. '사랑해'라고 말할 때 상대방 또한 자신과 비슷한 감정이 일어나기를 희망한다. 어떤 경우에는 상대방이 사실과 의견을 혼동하도록 악용되기도 한다. "서울은 불결하고 위험한 돼지우리와 같다. 바보천치나 거기서 살고 싶어 할 것이다."라는 말에서 화자는 사실적 정보를 제시하는 척하지만 자신의 의견을 정서적 언어로써 사실로 포장해 설득하려고 한다. 물론 정서적 언어가 부정적 의도로만 쓰이지는 않는다. "남숙은 사람이 지닐 수 있는 가장 따뜻한 마음을 가졌고 현명하고 매력 있는 여자이다."라는 진술은 긍정적 감정을 끌어낼 수 있다. 다만 이런 진술도 사실을 왜곡하거나 판단을 오도할 수 있어 항상 좋다고 할 수는 없다.[45]

경청은 마음을 여는 열쇠이다

경청은 의사소통에서 필수적인 요소로 알려져 있다. 그렇다고 경청이 쉬운 일은 아니다. 뇌과학에 따르면 우리의 기억은 청각정보에 개입하여 손익 등을 따지기 때문에 경청하려는 의지를 쉽게 흔든다. 그렇더라도 상대방의 생각이나 감정에 주의하고 과제를 해결하려면 반드시 경청해야 한다.

베토벤 교향곡 5번 〈운명〉이 라디오에서 흘러나온다고 가정해보자. 이 곡에 주의를 기울이면 신경세포Neuron의 수상돌기Dendrite가 청각정보를 수용하여 전기 신호로 바꾼다. 전기 신호로 바뀐 정보는 뉴런의 연결을 통해 간뇌의 중앙에 있는 시상Thalamus으로 이동한다. 시상은 후각을 제외한 시각, 청각, 미각, 촉각, 내장감각이 모이는 플랫폼으로 '고속도로의 톨게이트' 같은 곳인데 전두엽에 의해 여러 감각 정보를 분류하고 불필요한 정보를 걸러냄으로써 대뇌피질의 각 영역에서 효과적으로 처리되도록 한다.

〈운명〉에 대한 청각정보가 시상에서 대뇌피질의 좌측과 우측에 있는 측두엽으로 보내지면 청각 피질은 그 소리의 특징, 음의 높이, 크기 등을 처리한다. 여기까지 왔다고 〈운명〉을 분명하게 구분할 수는 없고 소리를 느끼는 정도이다. 그 후 정보가 청각 피질 주변의 '청각 연합영역'으로 옮겨지면 전전두엽이 그곳에 저장된 정보인지를 검색한다. 다시 말해 전전두엽은 들어온 정보가 이미 청각 연합영역에 있으면 그에 대한 이미지나 텍스트가 인출되도록 명령하고 해마로 보내 작업시키지 않는다. 정보 처리 용량이 제한된 해마에게 이는 반가운 일로 작업 부담을 줄여준다. 청자도 해마의 작업을 거치지 않으니 큰 힘 들이지 않고 이 정보를 〈운명〉으로 짐작할 수 있다. 마지막으로 각각의 감각 연합영역에서 해석한 다른 정보들이 '다중감각 연합영역'에 모두 모여 통합되면 분명하게 〈운명〉이라고 판단한다. 만약 이 곡을 유튜브로 듣는다면 시각정보도 다중감각 연합영역으로 들어오기 때문에 더 빠르고 정확하게 〈운명〉을 인식할 수 있다.

전전두엽이 연합영역을 탐색했는데 관련된 정보가 없으면 다른 경로를 선택한다. 청각 피질에서 음의 고저 등 기초적으로 정보를 분석하고 내후각피질과 해마 입구에 있는 치상핵을 거쳐 해마의 CA3, CA1을 지나 다시 내후각피질과 몇 개의 경로를 더 거친 후 청각 연합영역과 다중감각 연합영역에 새롭게 저장한다. 즉 해마에서 이 곡에 대한 새로운 기억을 만들어내야만 듣고 있는 곡이 〈운명〉이라는 사실을 알 수 있다.

2014년 경기도교육청에서 시작된 '배움의 공동체' 철학도 교육에서 경청의 중요성을 확산시켰다. 이에 따르면 배움은 교사든 친구든 상대방이 어떤 이야기를 할 때 경청하고 공감하는 의사소통이라고 정의한다.[46] 특히 경청은 혁신학교에서 교수·학습의 근간이 되었고 학교 성원 간 의사소통에서 필수적인 요소로 권장되었다. 경청에 주목해야 하는 까닭은 학생의 배움 때문만은 아니다. 모든 생명체는 근본적으로 관계적인 삶을 추구하고 말은 가장 효과적인 수단이다. 비록 글이 등장하여 말보다 더욱 분명하게 의미를 전달하지만 즉각적이며 유연한 말의 기능을 대체할 수는 없다. 인터넷상 채팅은 글로 소통하지만 상대방의 즉각적인 반응을 유도하기 때문에 실제로는 말하기와 유사하다.

편도체를 화나지 않게 해야 한다

효과적인 의사소통을 하려면 상대방과 접촉할 때 감정을 잘 조절할 줄 알아야 한다. 영국의 경험주의 철학자 데이비드 흄David Hume은 『도덕 감정론』에서 당시의 과학적 수준으로는 검증할 수 없었지만 감정이 의사소통에 끼치는 영향력을 예리하게 지적했다. 그에 따르면 인간은 근본적으로 감정적 존재이고 인식론적으로 동물과 아무런 질적 차이가 없으며 좀 더 진화된 방식으로 살아가는 생물이다.[47] 이성은 오직 감정의 노예로 감정이 추구하는 목표를 이루기 위한 효과적인 수단과 방법을 제공할 뿐이다.[48] 따라서 의사소통의 성공 여부는 얼마나 감정을 잘 조절할 수 있느냐에 달려 있다. 여기서 감정조절은 부정적 감정을 억압하는 조작만이 아니라 모든 감정을 있는 그대로 수용하고 받아들이려는 태도도 포함한다.[49] 그만큼 어떤 감정이 들 때 즉시 없애거나 이에 반응하기보다는 감정에 휩싸이지 않을 만큼 객관성을 유지하고 관찰하려는 노력이 필요하다.

감정을 잘 조절하려면 우선 감정이 무엇이며 어떻게 만들어지고 조절되는지 그 메커니즘을 알아야 한다. 우리는 종종 '감정'과 '느낌'을 혼용하지만 두 의미는 다르다. 감정은 특정한 상황이나 사건에 반응해 몸 전체에서 일어나는 신체적 감각이다. 이를테면 신체 내부의 화학 물질을 통해 생겨난 심장의 두근거림, 피부의 얼얼함, 가쁜 호흡, 배 속의 울렁거림 등을 말한다. 느낌은 이런 신체적 감각들에 대한 심리적 해석이다. 심장의 두근거림은 설렘, 열광, 감동 등 긍정적인 반응 또는 무서움, 불안, 불길한 예감 등 부정적인 반응으로 해석될 수 있다. 그렇다고 감정만 느낌에 영향을 주는 것은 아니다. 반대로 느낌도 감정에 피드백을 주고 변화를 일으킨다. 늑대를 위협적인 존재로 느끼면 심박 수를 더 빠르게 만드는 화학물질이 분비될 수 있고 우스운 존재로 느끼면 심박 수를 늦추는 화학물질을 나오게 할 수 있다. 따라서 감정조절은 느낌의 특성을 활용하여 뇌에서 분비되는 화학물질의 흐름을 바꾸는 것이 된다.[50]

감정과 뇌의 변연계 사이에는 밀접한 관련이 있다. 변연계는 '포유류의 뇌', '감정의 뇌'라고 불리며 뇌하수체, 시상하부, 편도체, 해마 등이 있는 영역이다. 뇌하수체는 감정이 생성될 때 중심적인 역할을 하며 도파민, 세로토닌, 엔도르핀 등 여러 신경전달물질을 분비한다. 간뇌의 일부인 시상하부는 뇌하수체와 연결되어 신경전달물질의 분비를 조절하여 생명체가 항상성을 유지하도록 한다. 편도체와 해마는 기억과 학습에 관여한다. 특히 편도체는 감정과 관련해 중요한 역할을 한다. 이 부위는 해마의 끝부분에 있는 아몬드 모양의 신경핵 집합체로 주로 공포 등 생존을 위협했던 경험을 기억해뒀다가 재현되면 즉시 감정적으로 대응하도록 한다. 설령 생존에 위협적이지 않더라도 힘들었거나 불쾌한 기억이라면 대부분 이에 맞서기보다는 벗어나도록 만든다. 어떤 사람이 과거에 강연 중에 실수를 했다면 새로운 강연 청탁을 받았을 때 보통은 꺼리게 되는 것이 바로 편도체 때문이다.[51]

편도체의 특성은 감각정보를 처리할 때 잘 나타난다. 뇌의 시상에 들어오는 정보는 두 가지 유형이 있다. 하나는 전전두엽이 모르는 정보로 감각기관에 처음 들어오거나 중간에 사라진 정보이다. 이 정보는 시상에서 연합영역으로 보내지지만 전전두엽은 그 정보에 대한 이미지를 검색하도록 명령을 내려도 찾을 수 없고 위험한지도 알 수 없다. 전전두엽은 이 문제를 해결하기 위해 연합영역에서 정보를 내후각피질, 치상핵을 거쳐 해마로 보내 작업기억으로 처리한 후 다시 내후각피질을 거쳐 감각 연합영역과 다중감각 연합영역으로 이동시켜 기억하게 한다. 편도체는 이 과정에 실시간으로 연결되어 감정이 들어간 정보를 기억한다.[52]

다른 하나는 전전두엽이 아는 정보이다. 전전두엽이 시상에 들어온 정보를 위험이 없는 정보라고 판단하면 감각피질을 거쳐 연합영역으로 보내고 그에 대한 이미지나 텍스트를 찾으면 편도체로 보내 들어온 정보를 정서적으로 수용할지, 회피할지를 결정하도록 한다. 편도체에서 판단이 끝나면 전전두엽은 다시 연합영역으로 정보를 보내 운동 신경을 통해 반응하도록 한다.[53]

하지만 전전두엽이 시상에 모인 정보에 대해 위험한 정보라고 해석하면 연합영역으로 보내지 않고 즉시 편도체로 보내고 일화

기억을 담당하는 내후각피질과 단기기억을 작업하는 해마가 먼저 처리하도록 지시함으로써 즉시 위급한 상황에 대응하도록 한다. 다시 말해 정보가 편도체에 도착하면 뇌간과 시상하부에 정보를 전달해 스트레스 호르몬을 분비시켜 맥박수를 올리는 등 긴장하게 함으로써 이에 맞서거나 도망가야 할지를 신속하게 결정하도록 한다.[54] 당사자가 정보의 안정성을 대뇌피질을 거치는 일상적인 경로를 통해 판단하려면 시간이 부족하고 큰 위험에 빠질 수 있기 때문이다. 이 과정에서 이성의 뇌인 전두엽이 일시적으로 기능을 멈추고 자연스럽게 몸이 먼저 반응하는 '편도체 하이재킹Amygdala Hijacking'이 일어난다. 이것은 편도체에 과도한 대사 작용이 일어나기 때문이며 마치 전기회로에 지나치게 전류가 흐를 때 두꺼비집이 내려가 정상적인 전류의 흐름마저 차단되는 상황과 비슷하다.[55]

대뇌피질을 통한 반응과 비교하면 편도체 하이재킹을 정밀한 대응이라고는 할 수 없다. 우리가 흔히 쓰는 '위기 상황을 감정적으로 대응하면 악화시킬 뿐이다.'라는 말에 딱 들어맞는다. 그렇다고 편도체 기능을 위축시켜서는 안 된다. 분노가 두려워 아예 회피해버리면 부정적인 감정뿐만 아니라 긍정적인 감정도 느끼지 못하는 소위 '감정이 죽은 상태'가 될 수 있다.[56] 이렇게 되면 겉으로는 어떤 일에도 동요되지 않는 안정된 삶을 사는 듯 보일지 몰라도 다람쥐 쳇바퀴 돌듯 삶의 아픔과 분노뿐만 아니라 흥미도 못 느낀 채 지루하게 살 수밖에 없다.

안와전두엽과 전전두엽의 능력을 높여야 한다

편도체가 어떤 자극에 대해 부정적으로 평가해도 그에 대한 반응은 개인마다 다를 수 있다. 교사가 학급의 모든 학생에게 같은 내용과 강도로 훈계해도 어떤 학생은 묵묵하게 듣지만 다른 학생은 대들 수 있다. 이는 전두엽과 변연계를 연결하는 유일한 끈(통로)인 안와전두엽의 발달 상태가 모두 다르기 때문이다. 안와전두엽이 발달하게 되면 편도체가 부정적으로 평가해도 전전두엽이 화를 내도록 신호를 전달하지 않는다.[57]

부모가 아이의 감정조절능력을 높이려면 안와전두엽이 잘 발달할 수 있도록 양육해야 한다. 아이는 생후 12개월까지는 조건 없는 사랑과 보살핌을 받도록 양육되어야 한다. 이 시기에 부모의 무조건적 사랑은 아이의 공감 능력에 영향을 주고 심리적으로 안정감을 준다. 하지만 돌이 지나면서는 차츰 교육을 해야 한다. 긍정적인 칭찬과 애정 표현도 중요하지만 위험한 행동이나 잘못된 행동에는 '안 돼', '그만', '울어도 소용없어' 같이 행동을 제한하는 말을 해야 한다. 이런 교육을 받지 않으면 안와전두엽은 정상적인 발달 시기를 놓치게 된다. 물론 방임하고 학대해서는 절대 안 된다. 조건 없는 사랑을 받아도 모자랄 아이들을 이처럼 방치하면 공격적이고 난폭한 아이로 자랄 수밖에 없다.[58]

타자와 원활한 소통을 하려면 전전두엽이 이성적으로 판단하는 능력을 높여줘서 편도체 등 변연계의 거친 감정을 조절할 수 있어야 한다. 감정을 유발한 자극이 무엇인지를 확인하고 객관적으로 관조하며 긍정적으로 해석하려고 노력해야 한다는 것이다. 그렇다고 좋은 느낌만 유지하고 불편하고 부정적인 느낌을 무조건 멀리하는 태도는 좋지 않다.[59] 우울할 때는 느낌을 일기로 적어보거나 자신의 두려움과 불안에 이름을 붙여보면서 관찰하는 연습을 하는 것이 좋다. 교사가 수업 시간에 학생들에게 관찰과 해석을 구분하도록 가르치고 모둠을 지어 활동하게 하는 것도 좋은 방법이다. 예컨대 누군가 나를 화난 눈빛으로 바라볼 때 무턱대고 그가 나를 싫어한다고 판단하지 말고 화난 이유를 물어보는 등 차분하게 상황에 반응하도록 가르쳐야 한다.[60] 사실 이처럼 노력해도 전전두엽을 길들이기란 쉽지 않다. 소통에 어긋난 전전두엽의 신경회로가 소통능력을 높이도록 재구성되려면 상당한 인내와 끈기가 필요하다. 오랫동안 시상하부나 편도체에 종속되어 충동적으로 살았던 사람이라면 그들의 처지에 더욱 공감해주고 더디더라도 일정 수준으로 감정조절능력이 오를 때까지 기다려줘야 한다.

찰스 다윈Charles Darwin에 따르면 '공감'은 사회적 본능으로 도덕의 시원이며 의사소통에서 필수적이다.[61] 인간은 사자나 호랑이와 비교하면 덩치도 작고 빠르지도 못하며 날카로운 이빨도 없으며 시력이나 청력도 형편없는 나약한 존재이다. 그런데도 인간이 그들과의 경쟁에서 승리하고 생태계의 최상위를 차지할 수 있던 배경에는 진화의 수단으로 '사회화'를 선택했기 때문이다. 여러 사람들과 관계를 맺고 공감하고 소통함으로써 더 나은 의사 결정을 내릴 수 있었고 주위 환경에 대한 적응력을 높일 수 있었다.[62] "공감이 사회적 본능이다."라는 주장은 터무니없는 가설이 아니다. 공감 능력은 잠재된 사회적 특질이다. 대뇌피질 깊숙이 위치한 뇌섬엽에는 다른 부위에는 없는 '폰 이코노모 뉴런Von Economo neurons, VENs'이라는 크기가 작고 수직으로 긴 방추형 신경세포가 있다. 이 신경세포는 사람뿐만 아니라 돌고래, 원숭이, 코끼리 등 여러 다른 포유류에게도 있는데 흥미롭게도 이 개체들은 주로 공동체 생활을 하며 서로 활발하게 상호작용을 한다.[63]

공감교육은 감정조절 능력을 높이는 활동이라고 할 수 있다. 미국의 아동발달 전문가 진 브로디Gene Brody는 '5-HTTLPR 유전자 연구'를 통해 공감교육이 감정조절에 끼치는 영향을 실험했다. 그는 빈곤 지역에 사는 아이들 6백 명을 절반씩 나눠 한 집단에는 정기적으로 상담과 물리적 지원, 추가 교육 등 정서적인 프로그램을 진행했고 다른 집단에게는 아무런 조치도 취하지 않았다. 그 결과 공감교육은 감정조절 능력을 높였고 또 5-HTTLPR 유전자가 긴 정상적인 그룹보다는 짧은 비정상적인 그룹에서 개선 효과가 더 컸다. 영아기 때 주위로부터 폭력에 노출된 아이가 공감교육을 받았더니 네 살 반 정도 되었을 때 정상 상태의 아이보다 공격성이 줄어들기도 했다.[64]

세계적으로 행복지수가 높다고 알려진 덴마크는 공감 수업을 하고 있으며 그 성과는 탁월하다. UN이 2012년부터 해마다 세계 155개 국가 거주자를 대상으로 조사하는 '삶의 행복도' 결과에서 덴마크는 7년 연속 3위권 밖으로 밀려난 적이 없다. 덴마크는 1993년부터 모든 학교에서 6세에서 16세에 이르는 아이들에게 일주일에 한 시간씩 공감 수업인 'Klassens Tid Class Time'를 운영하고 있다. 교사는 공감 수업에서 아이들에게 다양한 감정을 표현한 카드를 보여주며 감정을 인지하게 만들고 아이들의 고민을 모둠 활동에서 공유하도록 유도한다. 이와 함께 학교 내외에서 제기하는 여러 문제들을 경청하고 공감하는 방식으로 토론하며 해결책을 찾으려고 노력한다. 만약 토론할 문제가 없다면 없는 대로 빈둥빈둥 함께 시간을 보내면서 친밀한 관계를 형성하는 시간을 갖기도 한다.[65]

요컨대 가정에서는 아이들의 발달을 고려한 따뜻하지만 엄격한 양육을 하고 학교에서는 감정조절 능력을 높이는 교육과정을 편성하고 운영하면 아이들의 의사소통능력을 높일 수 있다.

나는 협력한다
고로 존재한다

토머스 홉스Thomas Hobbes가 쓴 정치철학 고전 『리바이어던』은 인류의 디스토피아적 비전을 보여준다. 그에 따르면 인간은 만인의 만인에 대한 투쟁이 이루어지는 자연 상태에서 고립된 존재로 살아가고 서로 불신하며 어떤 협력도 하지 않는다. 오직 자신의 안전과 쾌락에만 관심을 두고 타인과 경쟁하고 갈등하며 서로 보복하려 든다. 그 원인은 자연이 인간을 평등하게 만들어 똑같은 욕망을 지니게 했지만 자원은 희소해서 모두의 욕망을 채울 수 없는 탓이다. 따라서 상대방이 자신을 공격할지 모른다는 불안감과 두려움은 영원히 떠나지 않으며 만약 패자가 되어 비웃음을 받는다면 결코 참을 수 없게 된다.[66]

홉스는 인간에게 '자비심', '동정심', '협력' 같은 본성이 있어 진창 속에 빠져도 구원을 받을 수 있다고 믿는다. 즉 이타적 행동으로 고독하고 가난하고 비천한 자연 상태에서 벗어나 자기를 보존할 수 있다는 희망을 품는다.[67] 하지만 막상 협력은 쉽게 일어나지 않는다. 단기적 관점에서 자기 보존의 이익만 생각할 가능성이 크기 때문이다. 이런 예로 '죄수의 딜레마'를 들 수 있다. 둘 다 자백하지 않으면 사회적으로 최선의 상태인 무죄를 받을 수 있지만 상대방의 자백을 걱정하기 때문에 현실에서는 최악의 결과로 나타난다.[68] 죄수의 딜레마 상황과 자연 상태를 비교하는 일이 적절하지 않을 수 있다. 죄수의 딜레마에서는 두 죄수가 철저하게 고립되어 있지만 자연 상태는 아무리 전쟁 중이라도 사람들이 완전하게 고립되지는 않기 때문이다. 여하튼 홉스가 보는 인간은 본성적으로 고립을 적으로 삼고 파국에서 벗어나려고 타자와 접촉하지만 단지 평화롭지 않을 뿐이다.[69]

자연 상태에서 단기적 이익은 자주 장기적 이익에 앞서기 때문에 자발적인 협력을 통해 '자기 보존'과 '평화 정착'이라는 목표를 달성하는 일은 거의 불가능하다. 설령 어떤 소수가 다른 사람과 평화롭게 지내야 한다며 협력하더라도 상황은 달라지지 않는다. 그들의 협력은 고귀한 선행이지만 정작 자신을 위험으로부터 지킬 수 없고 상대방은 경쟁자가 줄어들어 자신의 안전과 쾌락에 유리하다고 여길 것이다. 따라서 아무도 협력적인 소수의 전략을 따르려고 하지 않고 그 소수마저 다른 사람에 대한 불신이 깊어짐에 따라 자연 상태는 격화될 수밖에 없다.[70] 그런데 정작 현실에서는 이와 달리 사람들이 협력하며 사는 모습이 눈에 자주 띈다. '죄수의 딜레마' 상황에 놓이더라도 손해를 볼 각오로 상대방을 배신하지 않고, 가로등이 공공재인데도 흔쾌하게 설치비용을 분담하는 등 '공유지의 비극'이 나타나지 않도록 노력한다.

사실 인간만이 협력적으로 행동하는 것은 아니다. 남아프리카 지역에는 '미어캣Meerkat'이라고 불리는 다람쥐와 비슷하게 생긴 동물이 산다. 미어캣은 자신들이 만든 땅굴에서 집단을 이뤄 서식하는데 외부의 침입자를 경계하기 위해 돌아가면서 보초를 선다. 보초는 포식자나 침입자가 나타나면 다른 집단 구성원들에게 큰 소리로 경계 신호를 보내 그들이 위험에 대처할 수 있도록 한다. 포식자의 표적이 될 위험을 무릅쓰고 소속된 집단 전체를 구하기 위해 협력하고 기꺼이 희생도 받아들인다.[71]

독일의 생화학자 만프레드 아이겐Manfred Eigen도 생명체 내부에서 자기 보존이 이루어지려면 '협력'이 결정적이라는 사실을 실험 결과로 보여줬다. 그는 어떤 생명체든 효소들의 촉매물이 하나로 연결되어 루프Loop를 이룰 때 촉매작용이 비약적으로 진행되면서 비평형적 안정 상태에 도달되는 촉매 사이클 현상을 발견했다.[72] 즉 생명체 내부에서 어떤 요소들이 순환적인 협동 관계를 형성하면 고립되어 있을 때 없었던 비약적인 변화가 일어나고 생존력은 높아진다.

협력이 뇌의 발달을 촉진시켰다

인간이나 동물에게 협력은 보편적이지만 같은 수준이라고 할 수는 없다. 인간의 협력은 진화 과정에서 동물과의 질적 차이를 끌어냈다. 진화의 역사를 보더라도 자연에 적응하는 능력은 공생하는 개체일수록 높았고 그 반대의 경우에는 아무리 탁월하더라도 소멸했다. 인간이 고도로 진화한 데는 그 어떤 개체보다 탁월한 생존 전략인 '호모 레사이프로칸스Homo Reciprocans, 호혜적 인간'로 살았기 때문이다. 유인원만 보더라도 다른 개체들과의 공동 작업에서 인간만큼 뛰어나지 않다.

인류학자 킴 힐Kim Hill이 말하듯 단순히 대뇌의 크기 차이 때문만은 아니다. 사실 어떤 생명체든 신체에서 뇌의 비중이 크고 신경세포가 조밀하다고 꼭 진화할 때 유리한 것은 아니다. 자연 선택의 중요한 기준은 '효율'인데 뇌 활동은 상대적으로 많은 에너지를 소모한다. 즉 인간의 뇌는 체중의 2퍼센트밖에 되지 않지만 신체 전체에서 포도당의 25퍼센트, 산소의 20퍼센트, 심박출량의 15퍼센트를 사용한다.[73] 이는 낮지 않은 비중으로 인간이 어떤 새로운 상황을 마주할 때 그 속에서 익숙한 것을 찾아내고, 요소들이 어떻게 상호 연결되었는지, 무엇이 가장 필요하고 의미 있는지, 어떻게 행동하는 것이 적절한지를 알아내려는 목적 지향적 사고와 행위를 추구하도록 한다.

1973년 미국의 고생물신경학자 해리 제리슨Harry Jerrison은 그의 저서 『뇌와 지능의 진화』에서 '사회지능설'을 주장했다. 이것은 지능이 집단 내 개체들이 서로 협동하고 견제하면서 본격적으로 발달했다는 가설이다. 영국의 심리학자 니콜라스 험프리Nicholas Humphrey도 이 가설을 지지했는데 그 역시 생명체는 집단을 이루면서 대립과 협력을 거듭한 결과 뇌의 용량이 커지고 지능이 발달했다고 본다. 아일랜드 더블린트리니티대학교 앤드류 잭슨Andrew Jackson 교수와 박사과정 재학생인 루크 맥낼리Luke McNally, 영국 에든버러대학교 면역 및 진화 센터의 샘 브라운Sam Brown 연구원은 컴퓨터 시뮬레이션을 통해 이 가설을 증명했다. 열 개의 인공 뇌를 구성해서 '죄수의 딜레마'와 '치킨 게임'을 각각 5만 번씩 반복적으로 실행하자 '협력'을 고민하는 순간부터 신경망의 구조가 커지기 시작한다는 것을 알게 됐다. 생존을 위해 서로 협력하는 방식이 낫다고 판단하면서 선택에 대한 경우의 수가 늘었고 신경망도 덩달아 커지기 시작했던 것이다.

잭슨 교수는 이에 대한 보고서에서 "뇌의 크기가 커질수록 에너지 효율은 줄어들지만 개체 간 대립을 피할 수 있기 때문에 생존에 유리하다."고 덧붙였다. 맥낼리 연구원은 "뇌의 진화를 척추동물을 대상으로 직접 실험하기는 불가능하지만 인공 생물체 실험을 해보니 사회집단이 커지고 상호작용이 증가하면서 지능이 높아졌다."고 봤다. 옥스퍼드대학교 로빈 던바Robin Dunbar 교수도 "상대방과의 관계를 고민하는 상호주의는 남에게 마냥 잘해주는 이타주의와는 다르며 협력은 영장류처럼 지능이 높은 생물에게

필수적인 조건이다."라며 이 가설을 지지했다.[74]

　인간의 뛰어난 협력의 자질은 언어적 의사소통에서도 확인할 수 있다. 사람의 후두는 소리를 내게 하지만 그 위치는 음식을 먹을 때 걸릴 수도 있는 부분이라서 생존에 불리하다. 하지만 언어적 의사소통으로 더 큰 협력을 끌어냈고, 진화에서 유리했던 역사를 돌이켜보면 후두 위치는 하찮은 약점에 불과하다.[75]

협력은 호혜적 전략이다

인간의 협력은 순수하게 이타적이지만은 않다. 당장에는 실익이 없더라도 나중에라도 상대방으로부터 도움을 받을 확률을 높이는 선택이 합리적이라고 보기 때문이다. 미국의 생물학 교수 제럴드 윌킨슨Gerald Wilkinson은 흡혈박쥐 간에 친족관계가 아닌데도 피를 나눠주는 현상을 추적했다.[76] 과거에 어느 박쥐가 다른 박쥐에게 피를 토해내서 나눠준 적이 있다면 피를 나눠준 박쥐가 굶을 때 피를 받은 박쥐로부터 도움을 받을 확률이 높았다. 이런 현상은 흡혈박쥐에게만 발견되지 않았다.

　영장류 학자로서 침팬지 연구의 대가인 프란스 드 발Frans De Waal은 침팬지 사육장에서 수컷 침팬지 한 마리와 암컷 침팬지 여덟 마리를 대상으로 호혜성의 원리가 지켜지는지 관찰했다. 실험 중에 침팬지 간 서로 털을 다듬어주며 협력하는 장면이 자주 목격

되었고 한 놈이 먹이를 달라고 하면 다른 놈이 먹던 먹이 중 일부를 상대방에게 나눠주는 현상도 보편적이었다. 그런데 이런 모습이 언제나 일어나지는 않았다. 다른 침팬지가 자신의 생존에 협력하지 않으면 그에게 먹이를 나눠주거나 털을 다듬어주지 않았다.[77] 또 집단의 우두머리를 정할 때도 호혜성의 원리를 잘 따르는 침팬지는 그 지위를 쉽게 차지할 수 있었다.[78] 물론 모든 협력을 호혜성의 원리만으로 설명할 수는 없다. 피는 물보다 진하고 유전자는 피보다 진하듯이 혈연관계에 있는 개체들 사이에서 무임승차Free-Riding는 빈번하게 일어난다. 굳이 다른 예를 들 필요도 없이 부모와 자식의 관계만 봐도 알 수 있다.

인간이 호혜적으로 관계를 맺으려면 몇 가지 조건이 충족되어야 한다. 1984년 미시간대학교 정치학과 로버트 악셀로드Robert Axelrod 교수는 전 세계 게임 이론가, 컴퓨터 공학자, 경제학자, 심리학자를 대상으로 죄수의 딜레마 게임에서 가장 높은 보수를 얻을 수 있는 전략을 공모한 적이 있었다. 이 공모전의 최종 승자는 사람들의 예측과는 달리 가장 간단해 보이는 '눈에는 눈, 이에는 이Tit for Tat, 맞대응' 전략이었다. 악셀로드는 이 전략이 타당한지를 검증하기 위해 참가자들에게 2차 게임을 공모하며 1차 게임 우승 전략이 '맞대응'이었음을 미리 알려줬다. 2차 게임을 할 때도 수많은 전략들이 나왔지만 결국 1차 게임과 마찬가지로 맞대응 전략이 우승했다. 그렇다고 이런 전략이 언제나 유용하지는 않다. 협력과 보복이 생겨나려면 당사자 간 상호작용이 단순히 일회성이나 몇 번에 그칠 것이 아니라 상당히 반복되어야 하고 게임에 참가한 누구라도 언제 상호작용이 끝날지를 알지 못해야만 한다.[79]

협력을 선택한다면 '스트레치'로 하라

흔히들 협력을 보편적인 생존 전략이라고 여기지만 약간의 오해가 있다. 협력이 유일한 선택지는 아니며 경쟁, 적응, 탈퇴라는 방식도 있다. 사실 협력은 내가 옳거나 상대방의 가치나 행동이 틀렸다고 확신하거나 신념을 저버리지 않을까라는 걱정이 앞서면 잘 이루어지지 않는다. 이런 상황에서 협력만을 고집하면 오히려 집단 구성원들 간 분열과 갈등만 키울 뿐이다.

경쟁이 언제나 나쁜 상호작용인 것은 아니다. 경쟁은 사회적 불평등을 낳기도 하지만 협력과 대등하게 혁신을 촉발하고 공동체의 활력을 높이기도 한다. 경쟁이 서로 더 좋은 결과물을 내놓는 동기를 주고 그 과정을 유도하여 본인도 의도하지 않던 발전과 공공의 이익을 낳기도 한다. 경쟁하지 않으면 집단 구성원들 간 목표에 대한 의지가 부족해져 그 사회는 하향평준화의 늪에 빠질 수 있다.

교육만 보더라도 지난 2002년부터 일본 교육당국이 학생의 자율성과 종합인성 향상을 목표로 내세웠던 '유토리교육餘裕敎育, 여유

^{교육}'이 불과 5년 만에 폐기됐다. 유토리 교육을 통해 입시 경쟁을 줄이고 창의력, 공감 능력, 의사소통 능력, 자율성을 높이려고 했지만 기초학력은 점점 낮아지고 개인 간 학력 격차는 더 벌어지고 역량 교육에서조차 뚜렷한 성과를 내지 못했다. 즉 도도새의 멸종은 경쟁 없는 환경에서 비롯됐다는 사실을 새삼 깨닫게 만들었다.[80]

경쟁이 문제가 되는 것은 규칙이 불공정하거나 학연, 지연, 뇌물, 갑질, 낙하산 인사 등 규칙을 지키지 않는데도 처벌을 받지 않거나 패자를 배려하지 않을 때이다. 이와 달리 선의의 경쟁이 전체를 살찌우는 일은 그다지 낯설지 않다. 각종 오디션, 서바이벌 예능 프로그램을 보면 경쟁을 통해 참가자들이 성장하고 시청자는 감동을 받는다. 따라서 경쟁과 협력을 적대적으로 보지 않고 서로 협력할 때 장기적으로 더 큰 이익을 준다는 공감대를 형성한 후 둘 사이에 조화를 이뤄나가면 된다.

협력의 성패는 협력하는 방식에 달려 있다. 세계적인 갈등해결 전문가 애덤 카헤인^{Adam Kahane}은 '스트레치 협력^{Stretch Collaboration}'을 제안한다. 그에 따르면 우리는 거의 언제나 생각이 다르고, 호감도와 신뢰도가 없는 사람들과 일해야 하기 때문에 협력의 본질을 잘 이해해야 한다. 보통의 방식으로는 타협할 수 없으므로 '상대방과 관계를 맺는 방식', '상황에 참여하는 방식', '상황을 나아지게 하는 방식' 등 모든 틀을 바꿔야 한다. 또 집단 구성원들 간 아무리 생각이 달라도 서로 관계를 유지하고 대화하면서 각자에게 이익이 크든 작든 돌아가게 해야 한다. 다시 말해 전통적 협력처럼 단순히 결정된 사안에 힘을 모아 따를 것이 아니라 각자의 입장을 인정하고 통제를 받지 않으면서도 이익을 나눌 수 있어야 한다. 그러기 위해서는 협력하는 여러 주체들이 신뢰를 바탕으로 서로의 상황 정보나 생각을 끊임없이 주고받는 유연성이 필요하고 소속 집단은 이를 인정하고 적극 지원해야 한다.[81]

교육 현장에서도 이런 스트레치 협력을 적용할 수 있다. 교사는 학생들과 함께 배움의 목표를 정하여 가르치고 그 과정 속에서 학생들이 어려움에 빠지면 조언해주며 학생들의 성장을 지켜보고, 교육당국은 교사들이 이런 배움의 조력자이자 연결자로서 역할을 잘 수행하도록 교육시설 등 적합한 환경을 지원하면 된다. 즉 각 교육주체가 유연한 자세로 서로의 입장과 목소리에 귀를 기울일 때 깊이 있는 협력과 배움을 기대할 수 있다.[82]

지난 수년 동안 다수 교육청이 '협력'을 절대불변의 '교리'처럼 내세웠지만 감동을 주지 못했던 것은 어쩌면 당연한 결과이다. 돌이켜보면 교육당국은 스트레치 협력을 하기보다는 교육적 의견이 다른 상대방을 마치 '적화증후군' 증세를 보이듯 적이나 개화할 대상으로 대했다. 오직 교육당국이 제시한 교육과정에 맞춰야만 모범이고 교수·학습법조차 전부 같아야 하며 조금이라도 다르면 바꿔야 할 대상으로 밀어냈다. 또 참 학력 등 새로운 학력관만이 그 목적부터 방법에 이르기까지 모두 '선'이자 '절대적 신념'이고 다른 접근방식은 낡아빠졌다고 습관처럼 말해왔다. 학습과학 원리를 무시하더라도 협력을 핵심역량으로 삼기만 하면 모든 구성원들이 동의하며 단 한 명의 아이까지 배움을 이끌어낼 수 있다는 독단과 착각으로 교육정책을 펼쳐왔었다. 그러다 보니 '한 아이를 키우려면 온 마을이 필요하다.'는 아프리카 속담처럼 성공적 교육을 위해 교육청이든 교사단체든 학교성원이든 온 힘을 다해 협력해도 모자랄 판에 서로 분열과 갈등만 깊어질 수밖에 없었다.

핵심역량 속에 숨겨져 있는
교육적 함의

교사는 학생들에게 비판적 사고를 가르쳐 어떤 문제에 대해 근거도 없이 주장하거나 바로 결론으로 건너뛰지 않도록 해야 한다. 또 아무런 반성적 사고도 없이 상대방의 주장과 근거를 곧이곧대로 받아들이지 않도록 해야 한다. 명료성, 연관성, 적절성, 일관성 등 논리주의적 사고 기술도 중요하지만 공감과 창의력 같은 비논리주의적 사고 기술에도 관심을 기울여야 한다. 그렇다고 이런 비논리주의적 사고 기술을 논리주의적 사고 기술보다 우선시하는 교수·학습법은 효과적이지 않다. 마치 쌀가게에서 밥을 달라고 하거나 바늘허리에 실을 매어 쓰는 것처럼 성급하고 어리석은 선택이다.

교육당국과 학교도 지식과 사고 기술 간 우선순위를 두는 논쟁은 탁상공론에 불과하다는 것을 깨닫고 어떻게 하면 학생들에게 실제로 학습이 일어나게 할 수 있는가만 궁리해야 한다. 사실적, 개념적 지식을 기억해도 사고 기술을 모르면 과제를 해결하지 못하거나 비효율적 방법에 빠질 수 있고, 지식 자체가 없으면 사고 기술을 써먹을 일조차 없게 된다. 그러니 지식과 사고 기술 모두 '부호화→유지→인출'을 반복하며 학생의 장기기억에 남게 하고 그 수준이 높아지도록 교육해야 한다.

교육과정에서 다루는 지식을 구체적 지식으로 제한할 이유도 없다. 수학에서 배우는 일차함수는 추상적 지식이지만 일상에서는 자주 활용된다. 가령 이른 봄에 등산을 갈 때는 여벌의 옷을 챙긴다. 보통 해발 1킬로미터씩 오를 때마다 대략 6도씩 기온이 떨어지기 때문에 감기에 걸리지 않으려면 옷을 잘 선택해야 한다. 이때 일차함수와 관련된 기울기와 절편에 대한 지식을 안다면 어느 정도 두꺼운 옷을 준비해야 하는지 예측할 수 있다. 만일 평지에서 기온이 10도라면 이것이 y절편이고 기울기는 -6이기 때문에 기온과 해발고도와의 관계식은 '$y=-6x+10$'이 된다. 그러니 1500미터 높이의 산에 오른다면 기온이 1도로 떨어질 것이고 당연히 두꺼운 겨울옷을 준비해야 한다.[83]

지난 수년 동안 교육당국은 지식 교육이 수준이 낮고 구태의연한 방식이라며 폄하하곤 했다. 하지만 앞서 「고비라는 이름의 고비」 시를 예로 들어 설명했듯이 배경지식 없이 사고 기술만 연습하거나 정보 검색이 배경지식을 대신할 수 있다고 믿으면 작업기억은 인지 과부하에 걸려 비판적 사고를 할 수 없다. 교사가 모둠 활동 등을 통해 아무리 비판적 사고를 가르쳐도 학생들은 의미 덩이를 묶어 작업기억의 공간을 넓힐 수 없다. 지식을 많이 알아야 하는 이유가 반드시 비판적 사고 때문만은 아니다. 비판적 사고는 과제를 해결하는 하나의 기술일 뿐 목적에 이르기까지 여러 다른 기술이 있을 수 있다. 하지만 어떤 기술이든 지식을 바탕에 두지 않으면 낭패를 보기 십상이다. 즉 문제 해결의 절차를 알고 따르더라도 실제로 문제를 해결할 수 없다.

비판적 사고는 신체적, 정신적 발달 과정에서 사실적, 개념적 지식과 경험이 확장하면서 점진적으로 형성되기 때문에 어린아이에게는 기대하기 어렵다.[84] 하지만 정보의 채널이 점점 많아짐에 따라 정보의 신뢰성을 평가하고 정보 수용의 결과를 예측해 가장 좋은 대안을 선택하는 사고 기술은 필수가 되었다. 그렇다고 해도 여전히 선택된 정보를 유용한 지식으로 바꾸는 일은 배경지식 없이는 불가능하다. 정보의 신뢰성을 평가하려면 출처를 살펴야 하는데 '누가 한 이야기인지', '그가 전문가인지', '어느 시점에 어디에서 조사한 내용인지' 등에 대한 지식 없이는 어려운 작업이다.

창의력은 타고난 재능이 아니라 기존의 아이디어를 활용하여 세상을 재구성하는 방식이자 과거를 재현하는 힘이다. 즉 과거의 지식을 탐구하고 현재의 과제에 적용함으로써 학습되는 사고 기술이자 태도이다. 따라서 창의적 활동의 초점은 목표에 이르는 과정에 둬야 하고 이러한 취지를 살리려면 당면한 과제에 대한 지식이 필수적이다. 흔히 창의력을 '틀 밖에서 사고하는 힘'이라고 말하지만 무엇이 틀 안에 있는지를 확인하지 않고 틀 밖으로만 나가려고 한다면 좋은 전략이라고 할 수 없다. 피카소가 그린 〈아비뇽의 처녀들〉에서 보듯이 창의력에는 새로움이 거의 없다. 그 안에는 벨라스케스와 마티스가 피카소를 통해 다시 들어와 있을 뿐이다.

교육당국이 마치 기억 교육과 창의력 교육이 서로 대립하듯이 표현하면서 사실적, 개념적 지식에 대한 학습을 '낡은 방식'으로, 창의력 학습을 '혁신적 방식'이라고 치켜세우는 일은 우상숭배와 다름없다. 인공지능이라는 계산기가 앞으로 더욱 고도화될지라도 학생들이 지식을 많이 기억해야만 창의력을 높일 수 있음은 자명하다. 창의력을 높이는 방법에는 지식의 수준을 늘리는 기억법 외에도 휴식, 독서, 융합교육, 예술교육 등 여러 방법이 있을 수 있다. 그러니 교사는 창의력에 대한 교육과정을 편성하고 운영할 때 어느 한 방식에만 의존하지 말고 조화롭게 구성되도록 유념해야 한다.

의사소통에서 언어적이든 비언어적이든 소통의 수단은 모두 유용하다. 다만 언어를 중심 수단으로 받아들여야 하며 소통할 때 맥락을 고려해 애매하거나 모호하거나 정서적이거나 완곡한 언어는 되도록 쓰지 않아야 한다. 감정에 대한 해석, 상황에 대한 직관적 태도, 공감 등 자신의 감정을 조절하는 능력 역시 무척 중요하다. 특히 공감에만 치우친 교육을 하지 않도록 해야 한다. 흔히들 공감에 환호하지만 그 한계는 장점만큼이나 분명하다. 가족, 친구, 소속 집단의 구성원이라고 덮어놓고 편드는 공감은 그 이외의 사람을 향한 적대감이 될 수도 있다. 또 인간은 다수의 고통보다 특정한 개인의 고통에 더 잘 반응하고 큰 집단으로 확장하지는 않으려는 습성이 있다. 이를테면 유니세프 광고에 등장하는 굶주린 아이에게는 쉽게 공감하지만 쿠르드족 난민 전체의 고통에 대해서는 외면하는 경우는 무척 흔하다. 이것은 큰 집단의 고통을 알리고 시도하다가 언젠간 무력감을 느끼는 '공감 번아웃'에 빠지지 않으려는 자연스러운 본능으로 무턱대고 비난받을 일은 아니다.[85]

위르겐 하버마스 Jurgen Habermas가 말하듯 의사소통의 문제를 해결하는 열쇠는 근본적으로 감성이 아닌 지식과 이성의 영역에 들어 있다. 교육의 궁극적인 목적은 '인간 해방'에 있고 교사가 명료한 언어로 소통하는 방식을 가르칠 때 학생들은 비대해진 '도구적 이성'이 소통의 장애라는 사실을 자각할 수 있다. 따라서 교사는 학생들이 지식을 통해 의사소통 능력을 높여 스스로 '잠자던 비판적 이성'을 깨울 수 있도록 가르쳐야 한다.

협력은 인간의 삶과 분리할 수 없는 생존 능력이며 호혜성의 원리에 따라 이루어진다. 경쟁을 협력과 대립한다고 보거나 이를 무조건 배제하려는 태도는 비현실적이며 협력에도 효과적이지 않다. 그 대신 공정한 경쟁과 이타적 협력이 조화를 이뤄 삶의 질을 개선할 수 있도록 여러 실효적인 방안을 모색해야 한다. 우리가 진정한 '호모 레사이프로칸스'가 되려면 협력은 통제될 수 없다는 사실과 일방적 협력은 구성원들 간 분열의 상처만 남긴다는 사실을 잊지 않아야 한다. 협력을 단일한 방식으로 통제하려는 순간 협력의 시너지는 사라진다. 우선 권력을 더 많이 가진 쪽에서 '모두가 참여하는 화합', '아무도 부정하지 않는 확신', '지침에 무조건 순응하라'와 같은 비현실적인 가정을 버리고 '불협화음', '시행착오'가 보편적이라는 현실을 받아들여야 한다. 리더라면 앞서 소개한 '스트레치 협력'처럼 집단 구성원들이 에너지를 모으되 각자의 이익이 합리적인 균형을 이루도록 노력해야 하며 중재자로서 원칙과 포용의 전략을 적절하게 구사해야 한다.[86]

하지만 현실을 보면 답답하고 한편으로 분노도 솟구친다. 다수 교육청이 주도한 새로운 학력에는 오직 "학력을 높이려면 협력해야 한다."는 구호만 넘쳐난다. 교사단체든 교사든 학부모든 협력이 여러 교육 문제를 장밋빛으로 덮어버리는 '언어유희'로 변질되도록 내버려둬서는 안 된다. 협력은 일반적으로 좋은 태도이고 학생들이 길러야 할 핵심역량이지만 언제든 악마는 디테일에 숨어 있음을 명심해야 한다.

'배움'은
학습과학 원리를
따를 때 일어난다

지식 위주 학력을
극복하라는 미신

2015년 개정 교육과정으로 학교에 역량 교육이 도입되었지만 교사는 '자주적 생활능력'과 '민주시민으로 필요한 자질'과 같은 내용을 가르치는 데 어려움을 겪고 있다. 학생들 수준에 맞게 교육 내용을 재구성하는 등 미리 준비해야 하는데 어떤 방식으로 교과와 여섯 가지 핵심역량을 조직해야 하는지 여전히 고민이 크다.

교육당국은 수업과 창의적 체험활동을 통해 학생들의 교과역량과 핵심역량을 높이라고 하지만 주문 자체가 모호하다. 국가수준 교육과정에서도 단지 두 역량을 '병행'하라고만 되어 있다.[1] 미국의 『21세기 학습을 위한 체계』 지침서에 "교과의 구체적인 지식과 기능을 학습할 때 핵심역량인 4C를 성취할 수 있다."고 명시되어 있는 것과 비교해보면 차이가 뚜렷하다.[2] 교사에게 교과에서 영역별로 소수의 핵심개념을 중심으로 교육 내용을 선정하고 교과 내 혹은 교과 간 통합하는 방식으로 교육과정을 구성하라고 주문하지만 교사는 소수의 핵심개념을 선정하는 작업부터 혼란스럽다. 사실적 지식, 개념적 지식, 절차적 지식, 태도 역량을 모두 고려해야 하기 때문에 '조화와 균형'이라는 지침은 별다른 도움이 되지 않는다.[3] 교과 수업이나 창의적 체험활동에서 소수의 핵심개념을 가르칠 수는 있지만 어느 영역에 얼마의 차시로 배분할 때 가장 효과적인지 판단은 어렵다. 특히 주관적으로 핵심개념을 선정할 수밖에 없어 교육당국이 바람직한 인재상으로 내세운 '자주적인 사람', '창의적인 사람', '교양 있는 사람', '더불어 사는 사람'을 키우는 데 적합한지도 몹시 걱정된다.

국가수준 교육과정의 추상적 표현에 대해 교육부에만 책임을 미루기는 힘들다. 각 교육청은 초·중등교육법 제23조 2항에 근거하여 국가수준의 교육과정을 학교의 실정, 학생의 실태, 학부모 및 지역의 요구 등 해당 학교와 지역의 수준에 맞춰 재구성할 수 있다.[4] 교육청 입장을 고려하면 처음으로 역량이라는 개념을 접했으니 신중하게 접근할 수밖에 없었을 것이다. 그렇더라도 책임 있는 공조직답게 적절한 대안을 내놓았어야 한다. 다수 교육청은 새로운 학력관으로 불리는 지역 교육과정을 만들어 학교에 내려보냈다. 다음은 전라북도교육청의 공식 학력인 '참 학력'에 대한 설명인데 다른 교육청도 이와 비슷하다.

전라북도교육청은 모든 학생이 지식 위주 학력을 극복하고 지식, 가치와 태도, 실천이 조화를 이루고 공동체와 더불어 살아가는 건강한 시민으로 성장하는 것을 목표로 한다. 참 학력을 기르려면 교사, 학생, 학부모 등 구성원들이 서로 신뢰하고 존중하며 참여하고 협력하는 관계에서 출발해야 한다. 참 학력을 다음과 같이 구체화한다. 첫째, 참 학력은 스스로 배움에 도전하고 몰입하는 자기 주도적 학습이다. 둘째, 참 학력은 교과의 핵심개념을 이해하고 응용하여 창의적으로 문제를 해결하는 능력이다. 셋째, 참 학력은 자신을 이해하고 사랑하며, 삶을 스스로 개척하고 관리하는 능력이다. 넷째, 참 학력은 타인과 공감하고 소통하며 민주시민으로 참여하고 실천하는 능력이다. 다섯째, 참 학력은 자신을 소중하게 여기고 다양한 문화와 예술을 향유하는 능력이다.[5]

교육과정을 둘러싼 혼란을 이런 학력관으로 수습할 수 있을지 의문이다. 물론 새로운 학력관이 중심에 두는 비판적 사고, 창의력 등 절차적 지식 교육과 신뢰, 존중, 용기를 기르는 태도 교육이 모두 쓸모없다는 뜻은 아니다. 당연히 함양해야 할 핵심역량이고 도덕적 선의지와 실천은 학생들의 절차적 지식은 물론이고 사실적, 개념적 지식의 학력도 끌어올릴 수 있다고 본다.

도덕적 관계를 우선하면 모두의 배움을 높일 수 없다

새로운 학력관이 역량을 내세우면서 '지식 위주 학력을 극복하라'고 내리는 지침만큼은 그대로 받아들일 수 없다. 이런 지침을 따르다 보면 학습과학 원리가 부정되어 지식과 역량이 모든 학생들에게 골고루 학습되지 않고 상위권 학생들에게만 쏠리는 학력 격차만 나타난다. 교육에서 지식 격차, 학력 격차에 주의하고 즉시 개선해야 하는 까닭은 지식이 옳은가 그른가는 차치하더라도 지식의 불균형은 지배와 예속이라는 권력의 불평등 관계를 낳기 때문이다. 원시 사회에서 무당이 특별한 지위를 누릴 수 있었던 이유는 병을 고치는 지식을 가진 사람이었기 때문이고, 중세 유럽의 가톨릭 신부나 조선 시대 사대부도 따지고 보면 성서나 유학 경전에 대한 지식 덕분에 권력을 누릴 수 있었다.

교육당국이 학력 신장의 기점을 학교 구성원들 간 도덕적 관계에 두는 것도 정서적 언어일 뿐이다. 원래 사람들 사이에서 소통과 협력은 잘 이루어지지 않고 이런 상황이 이상하지도 않다. 평생을 함께 살기로 약속한 부부간이나 부모와 자식 간에도 의사소통이 제대로 이루어지지 않는다는 것을 누구나 인정한다. 모두의 배움을 높일 수 있다는 구실로 낯선 상대방을 신뢰하고 협력하라는 지침은 도덕적 선의지로는 존중할 수 있지만 결코 좋은 방안이 아니며 위선적이다.

진화게임이론 중 하나인 '유유상종 가설'도 이런 발상이 얼마나 비현실적인지 잘 보여준다. 주위에서 흔하게 보듯 우리는 주로 가치관이 비슷한 사람들끼리 어울린다. 협력적인 사람과 이기적인 사람이 자주 만나는 모습을 보기 어렵고 잘 모르는 상대방과 거래한다면 상대방의 성향을 미리 알아보고 직접 만나서도 본능적으로 표정이나 말투, 행동거지를 탐색한다. UCLA 교수 재레드 다이아몬드Jared Diamond의 설문 조사도 비슷한 결과를 보여준다. 신체 특징, 성격, 정치적 견해 등의 항목에서 배우자 간 나타나는 상관관계를 조사한 결과 신체적 특징의 상관계수는 0.2, 성격은 0.4이나 정치적 견해는 0.9에 달했다.[6] 이런 현상은 학교에서도 별반 다르지 않다. 당사자 간 교육관이 일치하거나 비슷해야 도덕적 관계를 맺고 유지할 수 있다. 교장은 보수적이고 교사는 진보적이라면 같은 학교에서 근무한다고 해도 서로 신뢰하고 협력하는 일은 가뭄에 콩 나듯 흔치 않다.

유유상종 가설에는 과학적 근거가 있다. 인지 심리학자 도널드 브로드벤트Donald Broadbent에 따르면 인간은 타자와 소통하거나 관계를 맺을 때 편향적일 수밖에 없다. 인간은 어떤 생명체보다 인정 욕망이 높아 자신의 신념과 일치하거나 이를 뒷받침하는 정보만 선별적으로 지각하려고 한다.[7] 이를테면 대통령도 간담회에서 자신의 정치적인 견해에 부합되는 정보에 더 주의를 기울이고, 운동 시합 중 응원석은 자기 쪽에 유리한 정보만 받아들이며 심판을 비난하기 마련이다. 학생들이 지식을 배우고 주변 사람들과 좋은 관계를 가지려는 것은 인정을 받으려는 의도적 행동이지 우연은 아니다. 수학 학습에 매진하는 이유는 단지 수학이 좋아서가 아니라 교사나 부모로부터 수학 실력이 탁월하다고 인정받으려는 몸부림이고, 친구들과 친하게 지내려는 행동도 좋은 평판을 듣기 위해서이다.[8]

뇌의 메커니즘은 이를 더 잘 보여준다. 뇌는 개체를 둘러싼 주위 환경이 변할 때 몸의 항상성을 유지하려고 노력한다. 계절에 따라 옷을 바꿔 입도록 체온을 일정하게 유지하는 것이 그 예이다. 하지만 뇌의 정보처리용량은 매우 제한적이어서 모든 정보를 선택할 수는 없다. 무수한 정보들 중에 특정한 범주의 정보만 남기고 다른 정보는 과감히 버려 목표와 현실의 차이를 좁힌다.[9] 하나하나 하위 범주까지 고려하는 대신 상위에 속한 목표에 집중하여 인지 노력과 시간을 줄이려는 것이다. 이것은 자신을 과시하기 위해 시장에서 명품 가방이나 고급 승용차를 구매하기보다 더 큰 권력이나 더 높은 지위를 선택하는 상황과 같다. 우리 뇌는 끊임없이 최소의 노력으로 최대의 보상을 추구하기에 구체적 목표인 항상성 유지는 추상적 상위 목표로 대체된다. 그리고 맨 위에는 헤겔이 "인간 행동의 동기는 타인과 세상으로부터 인정받는 일이다."라고 표현했듯이 늘 인정 욕망이 놓인다.[10]

인정 욕망에 따른 확증편향적인 태도는 어쩔 수 없지만 비판적으로 사고하기 위해 노력해야 한다. 우리의 믿음과 모순되는 정보를 외면하고 편향적 정보에만 의존하면 그릇된 결론을 내리게 된다. 미국의 심리학자 스튜어트 서덜랜드Stuart Suthertend와 토머스 키다[Thomas Kida]는 미국이 일본의 진주만 공격에 무력하게 당한 패배도 당시 미국 사령관이었던 허즈번드 킴멜[Husband Kimmel]의 확증편향 때문이라고 분석한다. 당시 일본이 진주만을 향해 병력을 증가시키고 각종 훈련을 하는 등 여기저기에서 침공의 징후들이 드러났지만 일본이 미국을 감히 공격할 수는 없다면서 아무런 대비도 하지 않았다.[11]

일상에서 확증편향은 생각만큼 쉽게 극복되지 않는다. 그릇된 판단을 했다는 객관적인 증거를 제시해도 자기의 주관을 뒷받침하는 증거만 찾으려고 한다. 이런 문화가 고착된 집단에서 창조적인 사고를 기대하기란 우물가에서 숭늉을 찾는 격이다. 지난 수년 동안 모 교육청에 매체와 포럼을 통해 지식 위주 학력관을 무턱대고 역량 중심의 새로운 학력관으로 수정하는 정책은 가난한 학생들의 삶을 해친다는 신호를 보냈지만 묵묵부답이었다. 오히려 일부 학교의 사례를 전시행정 하듯이 보여주면서 "단 한 명의 아이라도 포기하지 않는 교육을 한다." 같은 정서적 언어로 미화하고 반복적으로 무시했다. 이런 태도는 교육청의 공적 교육기관으로서의 위상이나 책임을 고려하면 단순하게 확증편향을 핑계로 대면서 넘길 수 있는 문제가 아니다. 교육부의 교육정책을 지역에 맞게 재구성할 수 있는 권한을 가지고 있기 때문에 학생들뿐만 아니라 국민의 전반적인 삶에 끼치는 영향력이 너무 크다.

요컨대 도덕적 관계로부터 학력이 길러진다고 믿거나 지식 위주 학력을 극복해야 한다는 지침은 선후 관계가 뒤바뀐 미신에 불과하다. 앞서도 이야기했지만 인간의 인지 구조는 확증편향적이고 최고 욕망은 타인과 세상으로부터 인정받는 일이다. 진화의 역사를 보더라도 타자와의 관계적 삶은 뇌의 용적을 키우고 구조를 복잡하게 만들어 생존 능력을 높였지만 비슷한 수준으로 지식을 공유할 때만 효과적이었다. 인간은 인지혁명 덕분에 허구적 대상인 신, 종교, 신화, 전설 등을 상상했지만 이것이 집단 지식으로 수용되지 않았다면 협력의 도구로 쓰일 수 없었다.[12]

지식 위주 배움으로
도덕적 관계를 추구하라

보통 몇 번 정도는 자신과 성향이 다른 사람들을 만나 공감하고 협력하며 과제를 수행할 수 있다. 하지만 횟수를 거듭한다고 꼭 도덕적 관계로 발전할 수 있다는 확신도 없고 설령 관계를 맺는다고 해도 얼마나 지속될지는 의문이다. 도덕적 관계까지 발전하고 유지하려면 뇌의 좌측과 우측에 있는 측좌핵에서 도파민이 분비되도록 우호적인 행동을 반복해야 하고 선조체에 습관으로 기억되어야 한다. 선조체는 뇌의 기저핵에 있는 한 영역으로 우리를 자발적으로 행동하도록 자극하는 역할을 한다. 즉 서로 공감하고 협력했던 경험이 선조체에 행복한 기억으로 남아야만 도덕적 관계가 가능하다.

미국의 저명한 수학자 존 내쉬 ^{John Nash}는 "이타적인 사람마저 집단의 규모가 커질수록 오직 자신에게 돌아올 이익만 따진다."고 말한 바 있다. 그는 이른바 '공공재 게임'이라는 실험을 했다. 참가자들에게 같은 금액의 돈을 분배하고 각자의 의사에 따라 자유롭게 공동 계좌에 돈을 넣으면 모인 돈을 똑같은 비율로 나눠주기로 했다. 이론적으로는 한 푼의 돈도 공동 계좌에 보내지 않고 나중에 분배만 받는 무임승차가 가장 합리적인 선택이다. 공동 계좌에 전혀 돈을 보내지 않아도 공동 계좌에 모인 전체 금액에서 1/n의 금액이 들어오기 때문이다.[13] 하지만 실제로 이런 유형의 상호작용이 일상에서 반복된다면 아무리 좋은 관계를 맺어도 지속할 수는 없다. 또 무임승차자를 일방적으로 처벌할 수도 없다. 무임승차자 역시 게임의 규칙을 벗어나지 않은 채 최소의 비용으로 최대의 이익을 얻을 수 있는 합리적 선택을 했을 뿐이다. 이와 달리 모든 참가자들이 전략적으로 이타적이어서 집단적 합리성을 추구하면 더 많은 보수를 얻는 최선의 상황이 될 수도 있고 도덕적 관계로 발전할 수도 있다. 다만 '죄수의 딜레마'에서 보듯이 상대방을 믿고 협조했는데 배신당하면 더 큰 손해를 입기 때문에 언제나 이타적 선택이 일어난다고 장담할 수 없다.

모든 전략적 선택을 배제하고 인간은 순수하게 이타적일 수 있다. 미국인은 식당에서 음식을 먹고 나면 청구된 금액의 15퍼센트 정도를 팁으로 남기는 습관이 있다. '반복 호혜성 가설'에 따르면 다시 그 식당에 갈 때 좋은 서비스를 받기 위해서 팁을 남기는 것이지만 그럴 가능성이 희박한 여행지 식당에서도 팁을 남기는 모습을 볼 수 있다. 보복을 당할 가능성이 0.001퍼센트도 되지 않는데 이타적인 행위를 하는 것이다.[14]

인간이 순수하게 이타적일 수 있다는 다른 증거도 있다. 1986년 심리학자 대니얼 카너먼Daniel Kahneman은 '최후통첩 게임 Ultimatum Game, 서로 모르는 A와 B 사이에서 A가 B에게 정해진 돈의 분배 비율을 일방적으로 제안을 하되 B가 이를 거절하면 게임이 끝나는 실험'을 발전시킨 '독재자 게임Dictator Game'을 실험했다. 참가한 161명의 학생들에게 20달러씩 주고 상대방에게 자유롭게 분배하도록 했다. 이때 학생들 중 누구라도 상대방에게 단 한 푼도 주지 않는다고 보복을 당할 위험은 전혀 없었다. 그런데도 약 70퍼센트 학생들이 20달러를 평균적으로 7.5:2.5의 비율로 자신과 상대방의 몫으로 나눴고 심지어 상대방에게 50퍼센트까지 나눠준 학생들도 있었다.[15]

위의 두 사례는 교육당국이 학교 구성원들 간 도덕적 관계를 맺고 지속할 수 있다는 실례로 쓰인다. 하지만 테이블 팁은 미국 사회의 특수한 관습이며 독재자 게임에서도 30퍼센트 정도의 학생들은 전혀 기부하지 않았듯이 우리 주위에는 항시 적지 않은 '호모 이코노미쿠스'들이 존재한다.

독재자 게임 결과를 순수한 이타성으로 받아들일 수 없는 더욱 분명한 증거가 있다. 2015년에 노벨상 후보에 올랐던 경제학자 존 리스트John List는 대니얼 카너먼의 독재자 게임은 권력이 불평등한 현실을 고려하지 않아 비현실적이라고 비판했다. 그가 카너먼과 동일한 조건에서 처음 실험했을 때 실험 참가자의 76퍼센트는 이타적으로 행동했기 때문에 원래 게임 결과와 비슷했다. 그러나 독재자 게임에 불평등한 권력 관계를 반영한 두 번째 실험을 하자 인간의 이기적인 내면이 그대로 드러났다. 분배자인 A가 상대방인 B에게 20달러를 주고 나서 다시 1달러를 회수할 수 있는 선택권을 갖게 되자 돈을 나눠주겠다는 응답자는 35퍼센트인 반으로 줄었고, 처음부터 단 한 푼도 주지 않겠다는 참가자는 30퍼센트에서 45퍼센트로 늘었다. 상대방에게 돈을 줬지만 그중 20퍼센트는 주어진 선택권으로 1달러를 뺏기까지 했다. 세 번째 실험에서는 A와 B에게 같은 돈을 주고 A에게 그 사실을 알린 후 자기 돈을 B와 나누거나 B의 돈을 모두 뺏을 수 있게 했다. 이때 A가 B에게 나눈다는 응답은 겨우 10퍼센트에 불과했고 60퍼센트는 상대방으로부터 돈을 뺏겠다고 응답했으며 그중 40퍼센트는 전액 모두라고 응답했다. 네 번째 실험에서는 A와 B 모두 노동을 한 후 같은 금액을 나눠 받았고 A에게 B가 노동하고 대가를 받았다는 것을 알려줬다. 이때 A의 70퍼센트 정도는 B에게 돈을 주지도 뺏지도 않았다. 선택권이 있더라도 B에게서 돈을 뺏은 사람은 고작 30퍼센트에 불과해 그나마 노동에 대한 대가만큼은 손대지 않았다.[16] 실험 결과를 종합해보면 권력자는 현실에서 주로 이기적으로 행동하고, 주위 인간들은 주로 '호모 이코노미쿠스'라는 것을 알 수 있다.

이타적 처벌로는 한계가 있다

새로운 학력관이 얼마나 비현실적이며 불합리한지는 이런 독재자 게임을 통해서도 짐작할 수 있다. 교육당국이 진정으로 학력을 높이겠다면 도덕적 태도라는 역량과 이타적이어야 한다는 당위 대신에 학습과학 원리를 따르는 학력관을 만들어 학교 교육과정에 반영하라는 지침을 내려야 한다.

물론 현실에서 교육당국이 바라는 바대로 이루어질 수도 있다. 학교 구성원들이 이타적 행동을 반복하고 맞대응 전략으로 '이타적 처벌Altruistic Punishment, 자신이 손해를 보더라도 사회적으로 바람직하지 않은 행동을 선택한 상대방을 처벌하는 것'까지 할 수 있다면 끈끈한 도덕적 관계로 발전할 수 있다. 구성원 중에 이기적인 행동을 하면 처음에는 이득을 얻더라도 다른 구성원이 앞으로는 공감하거나 협력하지 않기 때문에 결국 손해라는 사실을 깨닫게 하면 학력 신장까지 이룰 수 있다. 그렇다면 학력 문제를 더더욱 각자의 선한 의지에 맡기기보다는 이기주의자에 대한 처벌을 무겁게 하는 방향으로 접근해야 한다.

사실, 이타적 처벌과 같은 맞대응 전략은 인간의 진화 과정에서 이미 뇌의 기본적 기능이 된 듯하다. 실제로 공공재 게임을 반복했더니 참가자들이 손해를 보더라도 이기적인 무임승차자를 기꺼이 처벌하려고 했고, 뇌의 보상회로인 기저핵 내에서 도파민이 활성화되었다.[17] 이따금 우리 현실에서도 이타적 처벌을 목격하기도 한다. 어떤 사람은 사회적 규범으로부터 이탈하는 사람을 발견하면 자신이 직접 비용을 들여서라도 징계하거나 보복한다. 설령 그에게 이익이 없더라도 상대방의 이기적 행위를 그대로 놔두지 않는다. 이런 사람이야말로 '호혜적 인간'이라고 칭할 수 있는데 행위 원칙은 명확하다. 상대방이 자신에게 호의적으로 나오거나 사회적 합의나 규범을 충실하게 따르면 보상하고 정반대로 행동하면 손해를 보더라도 보복한다.[18]

이타적 처벌이 반복적 공공재 게임에서는 효과가 있지만 학교 구성원 간 전략으로 쓰기에는 여전히 효율적이지 않다. 이타적 처벌을 하려면 상대방에게 협동하려는 의사를 늘 확인해야 하고 협동적 관계가 깨질 때마다 일일이 변절자를 식별해서 처벌해야 하는데 이게 말처럼 쉽지 않다.[19] 아무리 규모가 작더라도 협동 과제와 만나는 사람들은 매번 혹은 일정 간격으로 달라지기 마련이고 구성원 중 일부가 도덕적 관계를 맺었다고 해도 관계망에서 이탈하면 나머지 선한 사람들에게 피해가 돌아갈 수 있다. 가령 학교에서 교사나 학부모가 '배움의 공동체'에 참여했는데 의도적으로 이기적인 변절자를 보복하려고 탈퇴하면 변절자에게만 피해가 돌아가는 것은 아니다. 의도하지 않았지만 소모임의 운영에 장애를 일으키게 되고 오히려 나머지 구성원들이 같은 정도의 보복을 받는 셈이 된다. 다시 말해 무임승차자라고 해서 더 큰 처벌을 받는 것도 아니고 애꿎은 사람들만 피해를 입을 수 있다. 변절자가 소수에 그치면 구두 경고 등 가벼운 처벌을 받게 할 수 있지만 이때는 이타적 처벌의 효과가 미미할 수밖에 없다.

구성원 간 계속 도덕적 관계를 맺어왔고 협력이 요구되는 사안도 비슷하고 반복적으로 일어난다 해도 새롭게 구성원이 바뀌면 다른 모습으로 변질될 수 있다. 매년 교사와 학부모가 바뀜에 따라 학교의 교육과정을 재구성하거나 학교운영위원회에서 다룰 정도로 중대한 사안에 대해 의사결정이 달라질 수 있다. 그나마 바뀐 신규 구성원이 비슷한 지식과 신념을 공유할 때만 도덕적이고 우호적인 관계를 기대할 수 있다. 오히려 그들 중 일부가 상대방과 협력할 의사가 전혀 없는데도 개인적 지위, 권위, 명성에 기대어 거짓 신호를 보내고 부당한 이득을 취하는 최악의 상황도 배제할 수 없다.[20]

요컨대 교육당국이 진정으로 단 한 명의 아이라도 포기하지 않는 교육을 하겠다면 지식 위주 배움으로 도덕적 관계를 추구해야 한다. 설령 이타적 처벌과 같은 맞대응 전략을 구사하여 도덕적 관계를 추동하겠다고 해도 그 목표를 이루는 데는 역부족이다. 권력자일수록 현실에서 이기적으로 행동하고, 다수의 집단일수록 이기적으로 행동하는 변절자를 식별하여 처벌하기가 더욱 어려우며, 처벌하더라도 선의의 피해자가 나오는 것을 막을 수 없다. 교육당국이 지식보다는 도덕적 관계를 우선하라고 학력 지침을 내리는 것은 교사, 학생, 학부모 모두에게 공감, 협력 등 공동체적 가치만 무의미하게 반복해서 들려주는 장밋빛 희망 고문일 뿐이다. 결코 가난하고 소외된 학생들이 계층 사다리에 올라 사

회이동을 하고 그들에게 유리천장을 부수는 힘을 길러주는 최적
의 대안이 될 수 없다.

평가의
딜레마

교육당국은 교과 성취기준이 여전히 사실적, 개념적 지식에 치우쳐 있다고 본다. 한국교육과정평가원이 제시하는 교과 성취기준을 보면 '공감 능력', '정서적 안정감' 등 감성 역량이나 '참여', '협력' 등 공동체적 역량에 대한 지표가 상대적으로 부족하긴 하다. 교사가 교육과정을 성취기준에 따라 재구성한다면 당연히 정의적 영역이나 행동적 영역에 대한 교육이 소홀해질 수밖에 없다. 이를 차치하더라도 배움이 일어나게 하려면 결핍된 두 영역을 최대한 교육과정에 반영하고 수업해야 한다. 학생이 짜증이 나거나 흥분된 상태라면 아무리 열심히 가르쳐도 지식이 변연계로부터 대뇌피질로 보내지지 않기 때문에 배움이 일어날 수 없다. 특히 청소년기 아이들에게 감정조절은 무척 어려운 과제이다.

우리 뇌는 '뇌간', '변연계', '대뇌피질' 3개 영역으로 나뉘는데 한꺼번에 발달하지 않고 보통 나이에 맞춰 순차적으로 발달한다. 뇌간은 호흡이나 순환, 박동 등 생명에 직접 관계되기 때문에 태아 때부터 발달하고, 변연계는 유아기부터 시작하여 사춘기가 되면 발달이 완료된다. 인간의 고유한 뇌라고 할 수 있는 대뇌피질은 그 발달의 정점에 따라 측두엽, 두정엽, 후두엽, 전두엽 순으로 이루어진다. 전두엽은 고등사고력을 담당하는 '이성의 뇌'인데 중·고등학교 시절 가장 왕성하게 발달한다. 그러면서 더 많은 정보를 효과적으로 수용하기 위해 반복적으로 사용하는 시냅스를 두껍게 하고 거의 사용하지 않는 시냅스를 제거하는 '수초화Myelination'를 급속도로 진행한다. 이러다 보니 청소년기에는 뇌의 각 부분 간 연결이 원활하지 않거나 신호 전달 속도가 느려질 수밖에 없다. 따라서 한창 청소년기를 거치는 아이들에게 감정을 잘 조절하기를 바라는 것은 무리일 수밖에 없다.

전두엽의 앞부분인 전전두엽뿐만 아니라 만 3세쯤 발달이 거의 끝나는 안와전두엽도 감정조절에서 중요한 역할을 한다.[21] 안와전두엽은 이마 안쪽에 자리를 잡은 전두엽 중에서도 안구를 싸고 있는 '안와' 바로 위에 있는 부위이다. 전두엽은 안와전두엽을 통해 변연계에서 비롯된 감정을 조절하기 때문에 미성숙하거나 손상되면 사회적 규칙을 무시하고 충동적이며 다른 사람의 감정을 잘 읽지 못하거나 심할 때는 반사회적 행동을 하게 된다.

학교의 기원과 목적을 돌이켜본다면 안와전두엽이 미숙한 학

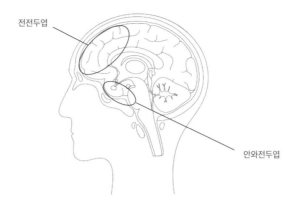

전전두엽

안와전두엽

전전두엽과 안와전두엽의 위치

생들에 대해 각별하게 관심을 쏟아야 하고 배움이 일어날 수 있도록 적극적으로 배려해야 한다. 예컨대 방과 후 학교를 제도화하여 학습 돌봄 등을 통해 미진한 학력을 보충할 수 있도록 해줘야 하며, 교사는 학생들의 안와전두엽이 잘 작동할 수 있도록 화난 원인을 돌아볼 시간과 기회를 줘야 한다.[22] 또 뇌의 발달 과정을 고려하여 교과 성취기준에 정의적, 협동적 요소를 반영해야 한다. 2016년 개정된 핀란드 국가수준 교육과정을 보면 모든 교사가 교육과정을 재구성할 때 다음 일곱 가지 핵심역량에 맞춘다. 교사는 학생들이 핵심역량을 달성할 수 있도록 교과 간 협력해야 하고 어떤 교과든 태도 역량인 '자기 돌보기', '일상생활 관리하기', '안전', '참여', '권한', '책임' 등을 성취기준으로 삼아야 한다.[23]

핀란드 국가수준 교육과정 핵심역량

1. 사고와 학습 Thinking and Learning

2. 문화 역량, 상호작용 및 표현 Cultural Competence, Interaction and Expression

3. 자기 돌보기, 일상생활 관리하기, 안전 Looking after Oneself, Managing Daily Activities, Safety

4. 다언어 Multi-Literacy

5. ICT 역량 ICT Competence

6. 직업생활과 창업에 필요한 역량 Competence Required for Working Life and Entrepreneurship

7. 참여, 권한 및 책임 Participation, Empowerment and Responsibility

국민은 지식 위주 학력평가를 원해

대학입시나 취업과 관련된 시험을 보면 주로 지식 위주로 평가하는 모순이 나타난다. 학력을 인지적, 정의적, 행동적 영역을 고루 적용하여 평가해야 마땅하지만 근본적인 어려움이 있다. 개인은 자신을 둘러싼 상황에 대해 주관적으로 판단하고 행동할 수 있지만 국가는 공동체를 유지하도록 위임을 받았기 때문에 공동체 구성원들의 보편적 신념을 제도로 정해 운영할 수밖에 없다. 교육적으로는 아쉽지만 국가는 대다수의 국민이 자신감, 배려, 공감 능력 등 역량평가를 불공정하다고 보고 사실적, 개념적 지식 평가만을 공정하게 보는 현실을 외면할 수 없다. 이런 현실을 온통 국민 탓으로만 돌릴 수도 없다. 대학입시만 보더라도 교수나 입학사정관이 전문성과 공정성 잣대로 태도 역량을 평가해도 주관이 개입되기 쉽고 학교별 세부평가 요소들도 천차만별이다. 무엇보다 학벌이 삶에 끼치는 영향력이 커도 너무 크다.

2019년 여론조사 전문기관 리얼미터가 TBS 의뢰로 대학입시 제도에 대한 여론을 조사한 결과 지식 위주 시험인 수능 정시로 평가해야 바람직하다는 응답이 63.2퍼센트로 지식과 태도를 고루 평가하는 수시 22.5퍼센트를 크게 앞질렀다.[24] 당사자인 학생들과 이십대는 각각 73.5퍼센트, 72.5퍼센트로 최고치를 기록했다. 직업별로는 노동직 67.8퍼센트, 사무직 63.5퍼센트, 자영업 58.4퍼센트 순으로 상대적으로 경제력이 약한 계층에서 수능 정시 선호도가 높았다. 그 전 조사도 결과가 비슷해서 성인 77.6퍼센트가 태도 역량을 더 중시하는 학생부종합전형을 신뢰할 수 없는 이른바 '깜깜이 전형'이라고 답했다. 더욱 눈여겨봐야 할 결과는 응답자의 75.1퍼센트는 학생부종합전형이 '상류 계층에게 더 유리한 전형'이라고 지적했고, 74.8퍼센트는 부모·학교·담임 교사·입학사정관에 따라 결과가 달라지는 '불공정한 전형'이라고 응답했다는 점이다. 이런 결과는 어느 기관이 어떤 시점에 조사하든 일관되게 드러난다. 다른 나라들도 대부분 졸업 자격이나 진학과 관련된 시험을 치를 때 지식 위주 학력을 기준으로 쓰고 있다. 이를테면 미국의 SAT나 ACT, 영국의 A-레벨, 일본의 대학 입학센터시험, 독일의 아비투어, 프랑스의 바칼로레아, 중국의 가오카오 등을 들 수 있다.

지식 위주 평가는 학력을 높일 수 있는 실효적인 대안이기도 하다. 교사는 지식 격차, 학력 격차를 줄이려고 수시로 학습 성취도에 대한 '과정중심평가'를 할 수 있으며, 개인별 성적을 분석하여 지식과 학력이 기대치에 미달하거나 학생 간 격차가 크면 피드백을 통해 보완할 수 있다. 교육당국도 학력 개선을 위한 정책을 수립할 때 객관적 지표로 활용할 수 있다. 가령 2019년 교육부가 「기초학력 지원 내실화 방안」을 발표하고 2020년에 모든 교육청이 '초등두리교사제' 등 기초학력 지원 프로그램을 운영할 수 있었던 배경에는 지식과 학력에 대한 객관적인 자료를 마련했기 때문이다.

초·중등교육법 제29조는 교과용 도서로 국정, 검정, 인정한 도서만 사용하도록 하고 교과용 도서의 범위·저작·검정·인정·발행·공급·선정 및 가격 사정 등 필요한 사항을 마련하고 있다. 만약 지식을 위주로 하는 교육과정보다는 태도 교육을 지향하려고 했다면 교과서에 특정한 지식을 싣지도 않고 아예 교과서를 발행하지도 않았을 것이다. 또 교과에서 다뤄야 할 '단원'이나 '주제'만 선정하고 교사 단독으로 또는 학생들과 협의하여 교재를 만들게 하거나 심지어 구글을 검색하여 제본한 자료마저 교과서로 인정했을 것이다. 그런데도 교과서를 발행하는 등 지식을 관리하는 것을 보면 학생들이 꼭 학습해야 할 지식이 있다고 보는 것이고 이것은 시민의 '일반의지'이기도 하다.

요컨대 지식과 태도를 고루 평가하는 방향이 원론적으로 옳지만 진학이나 진로에 대한 이해관계를 고려하면 지식 위주의 학력 평가를 근간으로 삼을 수밖에 없다. 학교는 개인의 삶을 넘어 사회의 존속과 발전을 위해 교육하는 곳이므로 한 치의 공정성 논란도 일어나서는 안 된다. 교육당국도 어떤 학력을 중심으로 평가하고 선발 기준으로 두느냐를 정할 때 오로지 국민의 의사를 따라야 한다. 국민이 지식을 중시하는 교육을 원한다면 학생들에게 지식을 보다 적극적으로 가르치고 지역이나 계층 불평등이 나타나지 않도록 지원함으로써 격차를 줄이도록 노력해야 한다. 소외 지역 학생들의 교육 여건을 개선하려는 도서관 건립, 지식 수준이 낮은 학생들의 기초학력을 제고하는 특별 프로그램 시행, 다문화 학생들에게는 한국어 교육과 문화적 차이에 따른 이질감 해소를 위한 상담 등을 더욱 늘려야 한다.

지식 없는
메타인지

경기도교육청의 학력지침인 '창의지성 교육관'은 교사들이 교과의 내용을 핵심지식으로 재구성하고 경청과 토론식 수업을 통해 의사소통 능력을 높이는 학력관이다.[25] 이를 국가수준 교육과정과 비교하면 학생 참여형 수업, 창의적인 융합능력을 중요한 학습 능력으로 두기 때문에 비슷하지만, 지식 교육에 대한 입장은 무척 다르다. 사실적 지식을 통해 '문해력'이나 '수리력'을 높일 수 있지만 처음 겪는 새로운 상황이라도 유연한 마음가짐으로 경험을 통해 배우려고 하고, 과업 성취에 적용하려는 '학습 민첩성 Learning Agility'을 더 중요한 교육능력으로 보고 있다.[26]

어떤 지식이 유용한지는 사회 변화와 개인적 맥락에 따라 달라지므로 교과서에 나온 내용 모두를 꼭 가르치거나 배워야 하는 것은 아니다. 교과서에 실린 지식을 옥석을 가리지 않은 채 날 것 그대로 가르치면 학생들의 삶에 별로 도움이 되지 않는다. 학생들이 교과서 지식을 외우기보다는 메타인지를 할 수 있도록 지식을 선별하고 생성하는 방향으로 교수·학습 방식을 바꿔야 한다. 기존의 지식을 의심하고 스스로 계획을 세워 독창적으로 문제를 검토하고 실패를 딛고 도전하며 타인에 대해 공감하고 협동하는 역량을 배워야 하는 것이다. 교과서도 이에 맞춰 사실적 지식보다는 자율적 학습 능력과 타인과 협력하는 능력을 높일 수 있도록 새롭게 만들어져야 한다. 교과서에 실린 사실적 지식은 학생의 다양한 삶에 별로 도움이 되지 않는 '죽은 지식'이며 이를 기억하게 하는 교수·학습 방식은 메타인지를 높일 수 없다. [27]

이른바 '메타인지 Metacognition, 자신의 인지 과정에 대해 한 차원 높은 시각에서 관찰·발견·통제하는 정신 작용'는 중요하다. 흔히들 어떤 상황을 여러 번 경험해도 깊이 사고하지 않는 경향이 있고 어떤 사실을 모르는데 안다고 믿거나 대충 아는데 정확하게 안다고 착각한다. 하지만 메타인지를 학습하면 어떤 지식을 아는지 모르는지 깨닫고 계획을 세워 부족한 부분을 메울 수 있다.

메타인지를 높이려면 특히 '메타인지적 지식'과 '메타인지적 경험'이 중요하다. 메타인지적 지식은 무수한 지식을 점검하고 조절하는 방법적 지식으로 절차적 지식인 비교, 분석, 비판, 평가 등을 말한다. 메타인지적 경험은 지식을 언제, 어떤 상황에서 활용할 때 효과적인지 잘 아는 조건적 지식이다. 학습자의 감정 상태나 학습이 잘 이루어지는 주위 환경에 대한 앎이며 학습 동기를 유발하고 자기 조절력을 높일 수 있다. 2019년 EBS 〈미래학교〉에 출연한 영국 UCL 로즈 러킨Rose Luckin 교수는 "학생들이 더 나은 미래의 삶을 기대하려면 메타인지적 경험을 통해 메타인지적 지식을 학습해야 한다."고 말한 바 있다.

지금까지 사피엔스는 지구상에서 가장 높은 지능을 가진 존재입니다. 하지만 현재의 아이들이 살아갈 21세기에는 어떨까요? 앞으로 개발할 인공지능은 지능지수가 500~1000 정도에 이를 것입니다. 미래의 학교에서, 미래의 일터에서 살아남으려면 유연하게 적응하며 끊임없이 학습해야 합니다. 평생학습, 직업 재교육 같은 말이 나온 지는 오래되었습니다. 앞으로 학생들이 공부해야 하는 건 딱 하나입니다. 무엇이든 효율적으로 학습할 수 있는 능력입니다. 자신만의 학습법을 알고 비법을 가진 사람이 성공하는 시대입니다. [28]

메타인지 향상에도 사실적, 개념적 지식은 필수

앞서 인용한 경기도교육청의 학력관에도 메타인지가 들어 있지만 미신이 숨어 있다.

우선 교과서에 실린 지식을 그대로 가르치면 학생들의 다양한 재능을 억압하고 스스로 실존적 고민을 할 수 없으며 메타인지와 가치 감수성, 자기주도 학습 능력도 높일 수 없다는 미신이다.[29] 만약 이런 믿음이 옳다면 교과서에 실린 지식은 학생들의 수준이나 적성을 반영하지 않았기 때문에 모두 쓸모없게 된다. 교육당국이 이런 교과서를 승인하고 발행했다면 교육과정에서 그야말로 '주입식 교육'을 하라는 지시에 지나지 않기 때문에 책임을 져야 한다.

국가수준 교육과정에서 중학교는 진로탐색활동을 지원하고 자유학기제의 정착 및 확산 편성을 위해 운영하도록 했으며, 고등학교는 학생의 진로와 전공을 고려하여 과목선택권을 늘렸다.[30] 교과서도 이런 준칙을 받아들여 국정·검정·인정을 가리지 않고 기초적 소양을 학습하고 학생 개개인의 꿈과 끼를 키워주는 맞춤형 수업이 이루어지도록 개발되었고, 교육 내용도 초·중·고를 관통하여 교과의 전체적인 구조를 보여줄 수 있도록 핵심개념과 이를 뒷받침하는 지식·기능·태도로 배치했다.[31] 교과서에 학생들의 잠재력을 높이는 지식이 모두 들어 있기 때문에 꼭 배워야 할 학습자료이며 이에 대한 학습만으로도 '지성', '감성', '시민성', '신체적 활동성' 등을 모두 높일 수 있다.

　교과서 밖의 지식을 끌어와야 학력이 높아진다는 미신도 숨어 있다.[32] 이것은 그동안 학교에서 '지식의 구조나 유형'을 무시하며 해왔던 교육을 '지식의 내용' 탓으로 왜곡하는 거짓 신앙이다. 만약 교과서에 실린 지식이 '내포적 정의 Intensional Definition, 상위 개념과 경계 특성을 기술함으로써 개념의 내포를 서술하는 정의'보다는 일시적으로 쓰이는 '조작적 정의 Operational Definition, 어떤 개념을 경험적으로 관찰, 측정할 수 있도록 조작하여 내려진 정의'나 '문맥적 정의 Contextual Definition, 문맥과 상황에 따라 어떤 개념이 새롭게 해석되어 내려진 정의'로 되어 있으면 교과서 밖의 지식이 나을 수 있다. 하지만 교과서 지식은 내포적 정의를 중심으로 한 개념적 지식이 대부분이며 핵심개념도 쉬운 용어나 자주 경험하는 구체적인 사례를 들어 설명한다. 가령 '인간'에 대한 주제라면 '이성적 동물', '사회적 동물' 등에 대한 개념을 이해하고 다른 지식을 학습하도록 구성되어 있다. 또 학교에서 세상의 모든 것을 가르치고 배울 수 없다면 교과서를 깊이 있게 가르치는 방식이 더 효율적이기도 하다.[33]

　교과서에 실린 개념적 지식은 메타인지를 높이는 유용한 수단이다. 초·중·고에서 기초학력 미달 비율이 늘어나고 전반적으로 학력이 낮아지는 원인은 학생들이 개념적 지식인 내포적 정의를 깊게 학습하지 않는 데 있다. 다시 말해 교사가 수업에서 포괄적인 학습 능력과 밀접한 내포적 정의에 주목하지 않고 예시, 부연 등 주변 지식을 가르치는 데 매달리고 학생들도 이를 그대로 받아들여 학습했기 때문이다. 특히 요즘처럼 교통과 통신이 발달하여 사람, 상품, 정보 등 교류가 활발해진 현실에서 내포적 정의는 더욱 중요하다. 국가마다 어떤 개념에 대한 표현은 다소 다르더라도 내포적 정의는 같으므로 타자와 의사소통을 할 때 유용하게 쓸 수 있다. 이를테면 전 세계적으로 비유법 중 하나인 '은유', 경제체제 중 하나인 '자본주의', 생명현상 중 하나인 '항상성'에 대한 내포적 정의는 다르지 않다.

한편 교과서 밖 지식을 중심으로 교육해야 한다는 주장은 교육의 편향성을 우려한 결과이기도 하다. 실제로 우리 교육은 인간의 존엄성과 가치를 부정하고 역사를 왜곡하는 지식을 교육하던 불행한 시절을 겪었다. 1970~1980년대만 하더라도 당시 권위주의 정권이 교과서에 경제성장을 추진한다는 명목으로 국민의 보편적 인권인 자유권 등 기본권을 억압할 수 있다거나 식민지 시절에 일제에 부역했던 친일 문인이나 화가의 작품이 위대하다는 내용을 신기도 했다. 하지만 지금의 교과서는 암울했던 시절과는 분명 다르다. 인간의 기본권을 해치거나 부당한 정권을 미화하는 등 상식적으로 수용할 수 없는 내용은 없고 생명, 인권, 환경 등 보편적인 가치를 잘 담아내고 있다. 설령 교과서 각 영역에 실린 지식의 양, 수준, 사례 등에 이견이 있을 수 있어도 크게 시비를 걸 정도는 아니다. 이념적 시선에서 떨어져 있는 수학, 과학은 물론 역사, 사회, 철학 등에서도 논쟁적인 주제일수록 관련된 사례를 균형 있게 제시함으로써 편향성 시비에서 벗어나 있다.

다음은 고등학교 1학년『통합사회』교과서의 '자본주의 발달과 시장경제' 단원에 실린 내용으로 이념적으로 대립되는 주제이지만 각자의 입장에 따라 자유롭게 토론하고 있음을 알 수 있다.[34]

　자본주의 전개 과정을 두 경제사상가의 가상 대담으로 살펴볼까?

　사회자: 케인스 씨, 그리고 하이에크 씨! 각각 수정자본주의와 신자유주의 경제사상을 대표하는 두 분께서 주장하시는 주요 내용은 무엇입니까?

　케인스: 나는 정부의 적극적인 개입을 통해 시장의 질서를 지켜야 한다고 주장하였소. 나의 이론을 '자유방임주의'와 비교해 '수정자본주의'라 부르고 있소.

　하이에크: 난 정부의 개입을 반대한다오. 시장과 경쟁의 자유야말로 사회발전의 필수적인 요소이기 때문에 정부로부터 시장의 자유를 지켜야 한다고 주장하였소.

　사회자: 두 분의 주장은 각각 어떠한 시대적 배경과 관련이 있습니까?

　케인스: 1929년 대공황이라는 큰 경제 위기가 있었소. 대공황은 물건이 넘쳐나도 사는 사람이 없으니까 생긴 것이오. '보이지 않는 손'만 믿다 큰코다친 것이오. 미국에서는 정부가 '뉴딜정책'으로 시장에 개입한 덕에 대공황을 극복할 수 있었다오.

하이에크: 1970년대 석유 파동이 일어나 물가 상승에 불황까지 겹쳤소. 그러나 정부의 개입은 비효율적이었을 뿐만 아니라 부패 탓으로 효과가 없었다오. 시간이 걸리더라도 '보이지 않는 손'에 의해 시장이 자율적으로 작동하도록 내버려두어야 한다는 내 주장이 결국 옳았던 것 아니겠소.

사회자: 마지막으로 두 분이 서로에게 하고 싶은 말씀을 해주십시오.

케인스: 하이에크 씨! 당신이 말하는 자유경쟁시장은 경제 주체들이 대등하지 않기 때문에 약육강식의 정글과 다를 바 없소. 경제도 정부가 돌봐주며 보완책을 제시할 필요가 있소.

하이에크: 케인스 씨! 당신이 주장한 정부의 개입은 스태그플레이션이라는 경제 위기를 해결하지 못하였소. 정부가 경제에 개입하면 자원 분배가 효율적이지 못하다오. 그러니 경제는 시장에 맡겨야 하오.

토론주제

두 경제사상가의 주장을 바탕으로 시장의 자율성과 국가의 개입에 관해 자신의 의견을 정리하여 모둠 구성원과 토론해보자.

창의지성 교육으로 메타인지를 높이자고 하면서 지식에 대한 학습을 부정적으로 보는 태도는 더더욱 이해할 수 없다. 경기도교육청에 따르면 메타인지를 교육하는 취지는 학생들에게 학습

민첩성을 높여주고 삶의 과제를 잘 풀어내는 힘을 길러주기 위해서이다. 이런 목표를 달성하려면 사실적, 개념적 지식에 대한 학습은 필수적 요소이다.

메타인지는 뇌의 메커니즘에서 전두엽이 관여하고 앎과 무지는 질문에 대한 답을 단서 없이 끄집어내는 '회상Recall'과 질문에 대해 여러 답이 주어졌을 때 정답을 찾아내는 '재인Recognition'을 통해 구별된다.[35] 원래 메타인지를 높이려면 메타인지적 조절인 학습을 계획하고 점검하고 평가하는 활동을 반복해야 하는데 이때 지식 수준이 중요하다. 학습자가 사전지식 부족으로 의사결정에 어려움을 겪는데도 지식의 양을 늘리지 않고 회상이나 재인만 반복하면 학습 성취도는 나아지지 않는다. 다시 말해 사실적 지식이든 개념적 지식이든 지식의 양이 절대적으로 부족하면 메타인지를 높일 수 없다.[36]

특히 초등학생을 교육할 때는 사고를 더욱 유연하게 하도록 지식, 기능, 태도를 가르쳐야 한다. 그 이유는 다른 데 있지 않다. 모든 동물은 뇌가 발달하는 결정적 시기가 있는데 사람은 태어나서 10~12년 정도라고 알려져 있다. 이 시기에 뇌의 시냅스는 매우 유연한 상태인데 활발한 시냅스는 남고 두꺼워지며 쓰지 않는 시냅스는 빠르게 사라진다.[37] 시냅스의 이런 특성을 고려해서 교육 당국이 내세우는 구호처럼 서로 간에 다름을 인정하고 조화롭게 살아가는 세상을 기대하려면 이 시기에는 누구나 동의하는 지식 위주로 가르치고 배우도록 해야 한다. 어휘의 의미나 수학적 개

넘 등 사실적, 개념적 지식을 기억하도록 하는 교육을 우선하고 주관이 개입되는 역사나 도덕, 이들 지식을 전이하는 학습은 점차 성장하면서 가르치고 배워도 늦지 않다. 그러지 않고 전두엽이 미성숙한 학생들에게 '가치'를 중심으로 가르치면 어른이 되더라도 특정한 관점에서 벗어나기 어렵다. 이는 가치 교육을 부정하는 주장이 아니다. 우리 아이들이 선입견, 편견, 독단 등 틀에 박힌 사고를 하지 않고 삶에 대해 비판적 사고를 할 수 있도록 뇌 구조를 교육으로 확립해보자는 것이다.

학교에서 배운 지식은 성인이 되어도 유효하다. 구성주의자인 미국의 교육철학자 맥신 그린 Maxine Greene은 "진리와 도덕에 대한 우리의 신념이나 지식은 하루아침에 무용해지거나 바뀌지 않는다."[38]고 했다. 우리가 태어나기 전부터 어떤 지식에 따른 세계관과 도덕관은 존재해왔고 다수는 그에 따라 살아간다는 뜻이다. 그러니 새롭게 지식과 가치의 역사적 상대성을 학습한다고 해서 기존의 세계관이나 도덕관으로부터 완전히 자유롭게 살아갈 수는 없다. 그린은 이런 딜레마적 상황에 대해 "우리는 현실에서 어떤 지식이 옳은가에 대해 종종 비교 불가능한 언어 게임만을 반복하고 있다."고 비유한 바 있고, 이를 곱씹어봐야 한다.

교육과정 속에 숨겨져 있는
교육적 합의

교육당국이 새로운 교육적 아이디어를 디자인하고 이론적으로 정교하게 만들어 학교 현장에 확산시키는 일은 바람직하다. 학생들이 비판적 사고 등 역량을 더 많이 학습할 수 있도록 교육과정을 개편해야 한다는 데도 동의한다. 새로운 학력관으로 '창의력'이나 '행복' 같은 키워드를 유난히 강조한 배경에는 우리 사회의 경쟁 심화와 서열화에 대한 거부감이 있다는 것도 인정한다. 다만 지식을 기억하는 교육이 학생들에게 풍부한 학습 경험을 줄 수 없다는 미신만은 따를 수 없다. 교육과정에서도 교육 혁신을 기대했다면 학습과학 원리에 따라 사실적, 개념적 지식을 기반으로 역량을 추구하는 학력관을 추진했어야 한다.

　다수의 교육청이 지식, 기능, 태도의 조화와 균형을 추구한다면서 실제로는 지식을 기억하는 교육을 배제하거나 축소하려는 지침은 혁신이 아니라 퇴행이며 고의든 과실이든 가난한 학생들에 대한 차별적 도구일 뿐이다. 만약 지식을 경시하거나 배제하는 교육 혁신이 성과를 냈다면 지금쯤 초·중·고에서 모두 학력이 높아지고 학생 간, 지역 간, 계층 간 학력 격차는 줄었어야 한다. 하지만 '사교육비 증가', '기초학력 미달자 비율 증가', '학업 중단 비율 증가', 'PISA 순위 하락', 'TIMSS19 학력 격차'에서 보듯이 더욱 악화된 교육 지표만 속속 드러나고 있다.

개혁은 장밋빛 선언만으로는 성공할 수 없다. 중국 역사에서 신新을 건국한 왕망王莽과 후한後漢을 건국한 광무제光武帝를 비교해보면 알 수 있다. 왕망은 전한 말에 횡행하던 외척 세력을 모두 숙청하고 즉위하면서 초기에는 적지 않은 개혁을 단행했다. 전국의 토지를 국가에 귀속시켜 자영 농민의 삶을 개선하여 농민들이 빈민이나 유민으로 내몰리는 것을 막고자 했고 노비제도를 폐지했다. 하지만 그의 개혁 정책은 실패했다. 강력한 중앙집권적 정책은 호족과의 갈등만 키웠고 그들이 농민에 대한 수탈을 늘려 농민마저 외면하도록 만들었다. 광무제는 왕망과 달랐다. 그는 개혁이라는 것이 상대방과 갈등을 키우거나 세속적인 욕망을 억누른다면 불가능하다는 사실을 잘 알았다. 공신들을 제후로 봉해 일정한 기득권을 주었지만 호족이 평민에게 세금과 부역을 멋대로 부과하지 않도록 제도화함으로써 농민의 삶을 크게 나아지게 했다. 왕망과 개혁적 이상은 크게 다르지 않았지만 광무제는 차

가운 이성으로 구체적인 대안을 마련하고 개혁의 속도를 조절했다. 다름을 수용하고 열 사람이 한 걸음씩 천천히 나아가려고 했기 때문에 개혁은 성공했다.

2020년 EBS에서 방송된 〈다시 학교〉 2부 '교사의 고백' 편은 혁신 의지와 실제적인 결과의 격차를 그대로 보여준다. 미국 실리콘밸리에 있는 ALT스쿨은 페이스북 창립자인 마크 저커버그Mark Zuckerberg가 투자하고 구글 엔지니어 출신이 만든 학교이다. 교육과정은 주로 선택형이며 학생의 등하교 시간도 자율에 맡기고 교사가 직접 강의하지 않는 '플립러닝Flipped Learning' 방식으로 첨단교육을 했다. 하지만 성과는 기대에 미치지 못했으며 실로 참담했다. 학력 저하와 격차는 심각해졌고 심지어 학습 장애까지 호소하는 학생이 나와 아홉 개 학교 중에서 다섯 개는 폐교되고 나머지는 다른 학교에 흡수되었다. 이런 비극은 지식을 기억하기보다는 인터넷으로 검색하고 실제 자신의 삶에 적용하는 활동을 중심으로 가르쳐야 한다는 학력관이 얼마나 위험하고 허구인지를 생생하게 보여준다.

핀란드 로비사Loviisa 초등학교 역시 혁신에 대한 기대와 결과는 매우 달랐다. 교육당국이 교육과정을 통해 학년과 교과를 통합하고 최소한 한 학기에 한 번은 프로젝트 수업을 하도록 유도했지만 학생들은 수업 시간에 몹시 산만했고 적극적으로 활동하지도 않았다. 핀란드에서 역량 중심 교육과정을 만들 때 주도적으로 참여했던 교수들조차 그 원인으로 지식을 소홀하게 다루는 학생

주도형 수업 방식을 지적했다. 교사가 마땅히 수업에서 가르쳐야 할 사실적, 개념적 지식을 모둠 활동으로 대체하고 지식 수업을 제대로 하지 않았기 때문에 수단이 목적이 되어버린 목적 전치를 초래했다고 본 것이다.

한편 영국의 리치 아카데미^{Reach Academy} 초등학교는 지식 위주로 교육하는 수업으로 유명하다. 다수 교육청은 혁신을 거스른다고 말하지만 '지식 위주 학습'과 '교사의 강의식 수업'이 이들에게는 최적의 교수·학습법이고 학생들의 전이 능력을 포함해 학력은 전반적으로 상승했다. 더 눈여겨봐야 할 점은 이곳이 사회적으로 중하위층이 주로 사는 쇠락한 공장 지역에 있는데도 오히려 상류층이 다니는 학교 못지않게 학생의 행복도마저 높이면서 학력 격차를 줄였다는 사실이다.

혁신은 교육당국이 특정 학력관을 더 수준 높은 교육이라며 치켜세운다고 성공하는 것이 아니다. 어떤 학력관이라도 학생들에게 실제로 배움이 일어나고 삶의 힘을 길러줬는지에 성패가 달린다. 이런 점에서 2015 개정 교육과정이 발표되었을 때 교육을바꾸는사람들 이찬승 대표가 남겼던 논평은 무척 의미심장하다.

> 2015 개정 교육과정에서 추구하는 인간상은 창의·융합형 인재인데 교육의 목적을 성과주의적인 기업형 인재를 키우는 데 맞추고 과도하게 역량 교육의 장점만 부각하고 있다. 지식교육의 문제점을 개선해야 한다는 지적에는 동의하지만, 무비판적으

로 역량 교육을 선호한다. 그보다는 지식 중심의 전통적인 교육과정을 제대로 운영하면서 필요에 따라 학생들에게 핵심역량을 키우도록 하는 방식이 옳다.[39]

교사의 '수업역량'이
미래교육의 운명을
좌우한다

장밋빛
수업 혁신

이번 마지막 장에서는 학교 현장에서 일어나는 수업과 평가 사례를 통해 역량 교육을 중시하는 교육과정을 비판적으로 살펴보고자 한다. 교육과정은 본래 라틴어 '쿠레레^{Currere}'에서 유래된 개념으로 '달려가야 할 코스'라는 의미이다. 언뜻 보기에는 매우 분명한 뜻으로 보이지만 어디에 초점을 두느냐에 따라 다르게 해석될 수 있다. '코스'에 집중해서 보면 수업에서 따르거나 도달해야 할 계획으로 주로 교육부나 교육청에 의해 정해진다. 반면 '달려간다'에 주목하면 교사와 학생이 중심이 되어 수업을 준비하는 활동뿐만 아니라 학교에서 이루어지는 모든 교육적 경험을 의미한다.[1]

캐나다의 교육철학자 키엠 에간^{Kiem Egan}에 따르면 교육과정은 복합적일 수밖에 없다. 어떤 교육이념이라도 하나의 교육과정만으로는 추구하는 목적을 실현할 수 없다. 이를테면 근대부터 '학문적 지식 위주 교육', '개인의 자율성과 잠재력을 중시하는 구성주의적 교육', '시민성을 기르는 공동체 교육'과 같은 과정들이 서로 경쟁하고 타협하며 발전해왔다. 가령 지식 위주 교육은 개인의 고유한 성장을 지원하고 학교 교육의 지나친 사회화 기능을 조절하는 반면 공동체 교육은 지식 위주 교육에 이의를 제기하며 모든 개인의 성장을 지향하는 시민 교육을 도입한다.[2] 교육당국과 교사는 이를 통합하여 '개인적 자율성'과 '사회적 공동체성'이 조화를 이루도록 교육과정을 구성하고 조직해야 한다. 특정 이념과 관점을 고집하며 오롯이 한 방향만으로 교육과정을 편성하고 운영하면 어떤 교육 목적도 달성하기 힘들다.

교육과정과 관련해 교육청의 역할은 특히 중요하다. 국가수준 교육과정은 모든 학교들이 편성하고 운영해야 할 공통적, 일반적 기준이므로 각 지역의 특수성과 각 학교의 다양한 요구와 필요를 모두 반영할 수 없다. 따라서 교육청은 해당 지역의 교육 중점 사항을 설정하여 관내 각 급별 학교에서 학교 교육과정을 편성하고 운영할 준거를 제시해야 한다. 실제 지난 2015년 개정 교육과정을 토대로 다수 교육청은 지식보다는 역량을 중시하는 새로운 학력관을 권장했다. '수업혁신', '혁신교육'이라고도 불리는 이런 학력관은 그동안 학교에서 보편적이던 지식 위주 교육에 대해 부정적인 입장을 취했다. 지식 위주 교육이 교육 문제의 근본 원인은 아니라고 해도 학생의 행복한 삶을 방해하는 중심 고리로 이해했던 것이다. 그러면서 학교 교육과정은 점차 과제 수행과 태도를 중시하는 역량 중심으로 바뀌기 시작했다.

여기에는 일본의 교육전문가 사토 마나부佐藤学 교수가 주창한 '배움의 공동체' 철학이 큰 영향을 끼쳤다. 교육과정을 '배움의 경험에 대한 디자인', '배움의 경험을 강조하는 교사의 실천', '배움의 경험에 대한 성찰과 평가'로 규정했고, '교육과정-수업-평가-기록의 일체화'라는 새로운 틀을 모범적 준거로 제시하며 각종 연수와 장학 활동의 중심 과제로 삼았다. 이에 따르면 교사는 교육과정을 성취기준 중심으로 재구성하고 학생 중심의 수업을 실천하며 과정 중심으로 평가하고 그 내용을 학교생활기록부에 구체적이고 맥락적으로 기술해야 한다.[3]

이런 틀에는 두 가지 의도가 들어 있다. 하나는 그동안 다수 교사가 교육과정 문서를 거의 보지 않고 주로 교과서만 살핀 채 수업을 준비하던 관행을 없애고, 수업과 평가를 유기적으로 연결시키려는 것이다.[4] 또 다른 하나는 교육 목표를 국가수준 교육과정과는 다른 방식으로 추구하여 초·중·고에서 경쟁과 서열화라는 악습을 없애겠다는 것이다. 본래 교사는 국가수준 교육과정의 목표에 따라 '창의·융합형 인재'를 기르기 위해 교육 내용, 교수·학습, 평가를 일관되게 구성해야 한다.[5] 여기에서 '일관성'은 교육 내용, 교수·학습, 평가라는 수단이 교육 목표에 효율적으로 기능할 수 있도록 서로 모순적이지 않고 상보적이어야 한다는 의미이다. 즉 교육과정은 모든 학생에게 학습 경험을 늘려줘 창의·융합형 인재로 성장하도록 구성되어야 하며 교육 내용, 교수·학습, 평가는 이를 위한 도구로써 '시너지 효과^{Synergy Effect}'를 낼 수 있어야 한다. 반면 대다수의 교육청이 강조하는 새로운 학력관은 일면 일관성과 비슷한 느낌이 들지만 표현부터 '일체화'로 바뀌었고, 여기에는 모든 학생의 성장이라는 목표를 이루기 위해 '경쟁 교육과정', '진학과 선발을 위한 수업', '변별의 도구로 사용되는 평가'를 극복하려는 의미를 내포하고 있다.

새로운 학력관에 담긴 교육과정 · 수업 · 평가 원리

교사가 새로운 학력관에 맞춰 따라야 할 교육 원리를 설명하면 다음과 같다.

첫째, 교과서를 교육과정과 동일시하던 통념에서 벗어나 하나의 교재·교구로 인식해야 한다. 교과서는 학생 개개인의 삶의 맥락을 고려하지 않은 채 만들어졌으므로 그 내용을 그대로 빼놓지 않고 가르쳐도 배움을 일으킬 수 없다. 따라서 교사는 교과서를 재구성해 학생 수준에서 이해하기 어려운 지식 위주 내용을 제외하고 실천 중심으로 교육해야 한다.[6] 즉 학생들이 스스로 교육의 주체라는 사실을 깨닫고 자발적으로 생각하고 경험할 수 있도록 교과서에 집착하는 교수·학습에서 벗어나야 한다.[7]

◀ 새로운 학력관의 실천 모형

창의적인 교육과정 재구성과 수업, 평가계획 수립 및 실천	교육과정, 수업, 평가를 주제로 한 교사 간 토의토론	성취기준에 근거한 수업 과정과 그 결과를 평가하려는 실천적 전문성 확보	학생의 성장을 돕기 위한 적극적인 평가 결과 피드백	교사학습 공동체를 통해 교육과정, 수업, 평가 성찰
▼	▼	▼	▼	▼
- 교과별 교육과정 목표(성취기준) 분석 - 수업 및 평가 요소 추출 - 교육과정 재구성 (수업, 평가계획)	- 전문적 학습공동체 운영을 통한 상호 토의 및 토론 실시 (일체화 분과 운영) - 동 학년 협의 - 동료 장학 실시	- 일체화 관련 교육 철학, 교육과정에 근거한 수업 설계 능력, 평가 역량 등에 관한 교원 연수 실시	- 학생과 학부모에 대한 성적통지표나 학생부는 성장 중심으로 기록 - 성장 중심 기록을 통한 선순환	- 성찰일지 작성 - 전문적 학습공동체를 통한 성찰 나눔·협의회 운영 - 성찰의 결과 공유

◀ 새로운 학력관의 구체적인 교수·학습 모형

교사공동체를 통해 수업 활동지 준비	수업 시작 후에 즉시 활동지(과제) 배포	개인별 활동 - 모둠 활동	모둠 활동 결과 발표
▼	▼	▼	▼
- 교과서 및 기타 자료를 바탕으로 성취기준을 고려하여 구성	- 교사는 활동지를 배포하기 전에 문제와 관련된 교과 개념을 설명하지 않거나 최소화	- 개인별 활동 없이 바로 모둠 활동으로 이어질 수 있음 - 교사는 가급적 문제해결 과정에 직접 개입하지 않고 학생이 주도하고 협업적으로 해결 - 교사는 문제 해결과 관련된 힌트를 주거나 학생의 질문에 대해 답을 하지 않음	- 모둠 활동 결과에 대한 평가
학생의 구성적인 상호작용 활동 촉진			

둘째, 개별 교과의 교육과정을 넘어 '교과통합수업'을 운영해야 한다. 교과 간, 교사 간 경계를 허물고 지식과 경험을 서로 연결하여 가르칠 때 교사와 학생 모두 성장할 수 있다.[8] 이를 통해 학생들의 경험이나 흥미 혹은 사회적 가치와 동떨어진 내용으로 수업을 재구성하는 위험에서 벗어날 수 있다. 특히 고난도의 단편적 지식을 일방적으로 전수하는 교수법의 폐단을 없앨 수 있다.[9]

통합 방식은 다(多)학문적 통합보다는 간(間)학문적 통합을 주로 해야 한다. 다학문적 통합은 교과 수업에서 흔한 방식으로 교과 간 경계를 유지하되 하나의 주제를 중심으로 여러 교과들의 관점을 조직하는 형태이다. 이를테면 국어 수업에서 1930년대 쓰인 소설 작품을 가르치며 당시 사회문화사를 배경지식으로 언급하는 경우를 들 수 있다. 간학문적 통합은 흔히 '주제통합수업'이라고 부르는데 교과 간 경계를 허물고 여러 교과들에 공통적으로 들어 있는 주제를 추출하여 교과 내용을 재구성하는 방식이다. 이런 방식은 교과서에 실린 사실적 지식보다는 특히 비판적 사고, 창의력 등 역량을 학습할 때 좋다고 알려져 있으며, 다학문적 통합과 비교하면 '공연하기', '제작하기' 등 활동을 더 강조한다. 가령 '사회정의'라는 주제에 대해 국어, 도덕, 과학, 수학, 일본어, 역사, 영어 등 개별 교과들이 모두 참여하는 형태의 수업을 들 수 있다. 또 주제통합수업은 교과서의 주제나 내용을 반드시 따를 필요가 없다. '전쟁과 평화'라는 주제로 수업한다면 교과서에는 없더라도 제국주의가 만연하던 19~20세기 상황을 소주제로

삼거나 수업 내용으로 집어넣을 수 있다.[10]

주제통합수업에서 학생들은 지식이나 경험을 일관되게 배울 수 있으므로 학습 효과를 높일 수 있다. 뇌과학에 따르면 장기기억에서 정보가 인출될 때 통합된 정보일수록 '점화 효과에 따른 활성화 확산'이 강하고 불필요한 간섭을 줄일 수 있다. 또 다원화된 현대사회에 대응하는 능력도 높여준다. 물론 개별 교과 학습만으로도 문제를 해결할 수 있지만 현대사회는 첨단 과학기술의 급속한 발달 및 사회 현상의 복잡성으로 개별 지식을 체계적으로 통합해야만 풀 수 있는 문제들이 너무 많아졌다.[11]

셋째, 교사는 수업에서 학생을 중심에 두고 교사와 학생, 학생 간에 서로 소통하며 협력하는 방식으로 교육해야 한다. 교사가 교과서를 하나의 텍스트로만 이해하고 범교과적으로 수업하더라도 학생들이 수업에서 주변에 놓이거나 소통과 협력을 배울 수 없다면 좋은 수업이 아니다. 교육심리학자 레프 비고츠키^{Lev Vygotsky}의 인지발달 이론에 따르면 학습은 스스로 과제를 해결할 수 있는 '실제적 발달 수준'과 도움을 받아야만 하는 '잠재적 발달 수준' 사이에 있는 '근접발달영역'에서 교사나 유능한 또래와의 협력을 통해 일어난다. 교사도 한 분야의 전문가로서 다른 교사나 학생들로부터 꾸준히 배우고 학부모도 학교의 교육 활동에 참여해야 비로소 수업 혁신은 완성된다.[12] 즉 학교가 구성원들 모두에게 배움을 주는 공간으로 거듭났을 때 진정한 수업 혁신의 터전이 될 수 있다.

넷째, 평가의 중심은 학생의 성장과 발달에 두어야 한다. 교사는 교육 목표가 얼마나 달성되었는지 확인하고 학생은 자신의 학습을 반성하는 교육과정이 평가이다. 하지만 지금껏 평가는 줄을 세우는 도구로 쓰였고 교육 목표, 교수·학습 방식 모두 평가를 위한 수단으로 전락했다. 소수 학생들에게는 우월감과 함께 다음 시험에는 순위가 밀릴지도 모른다는 불안감을 동시에 안겼고, 다수 학생들에게는 자신의 삶을 학대하는 자괴감의 근원이 되었다. 이런 문제는 수업과 배움의 수준을 높이는 평가를 연계하면 해결할 수 있다.[13] 평가 방식을 지필평가보다는 정서적이고 사회적인 측면이 들어가도록 관찰 위주의 평가로 바꿔야 한다.[14] 지필평가도 문제 유형을 정답보다는 해답을 인정하는 서술형, 논술형 방식으로 하는 것이 좋다. 교과 통합수업을 고려하여 교과 간 통합평가도 새로 도입해야 한다. 다음의 사례에서 보듯이 국어에서 설명문 쓰기로 수행평가를 할 때 국어 활동지와 과학 교과서를 연결하는 방법이 있다.[15]

문제 다음을 참고하여 제목을 정해 분자 운동인 증발과 확산을 설명하시오.

국어 활동지 30, 31, 38을 참고하시오.
과학 교과서 263~267을 참고하시오.
과학활동지 VI-1를 참고하시오.

조건

앞에 제시된 1, 2, 3의 텍스트를 참고하여 설명문을 쓸 것.

증발과 확산을 활동지 30의 여러 가지 설명 방법을 사용할 것.

제목은 자신이 생각하여 붙일 것.

의욕만 앞서고 준비가 부족한 새로운 학력관

이처럼 새로운 학력관의 원리는 언뜻 보면 어느 하나 흠잡을 데 없어 보인다. 심지어 단호하고 엄격하고 비장하기까지 하다. 하지만 학교에서 보편적으로 구현하기에는 잘 맞지 않기 때문에 속 빈 장밋빛 혁신에 가깝다. 물론 새로운 학력관에 담긴 선한 의도까지 비난할 생각은 없다. 교육과정, 수업, 평가에 담긴 전체 맥락을 보면 오히려 도덕적 순수성이 넘쳐난다. 우리 교육에서 경쟁, 서열화, 입시로 인한 교육 파행 등 교육 문제들이 얼마나 심각하기에 이런 처방까지 나왔을까 싶어 아쉽고 반갑다.

그렇더라도 이런 원리주의적인 접근이 얼마나 교육적 성과를 낼지는 회의적이다. 우리 사회에서 학벌의 영향력에 큰 변화가 없고 진학과 진로에 대한 과도한 욕망이 일탈로 치부되지 않는 한 지금의 문제들을 부도덕하다고 손가락질할 수 없다. 다수의 국민은 지금도 교육의 본질이나 학력관을 중요하게 보지 않고 누구의 가방끈이 더 길고 화려한지만 비교한다. 대학 순위를 여전히 무지개 색 외우듯 '서-연-고-서-성-한-중-경-외-시'로 공식화하고 누구나 자사고나 특목고 진학을 열망한다. 젖 먹던 힘까지 짜내 노력해도 소위 'SKY' 대학에 입학하는 학생은 고작 만 명을 약간 상회하고 수능 만점을 받고도 탈락하는데 여전히 욕망을 버리지 않는다.[16]

우리 국민의 삶 속에 이런 냉엄한 현실이 시시각각 판을 치고 있는데 단지 교육과정만 바꿔 적폐를 없앨 수는 없는 노릇이다. 다수 교육청은 지식 교육을 그만해야 한다고 학교에 지침을 내려 보내기 전에 먼저 대학 평준화의 길을 모색하고 대학입시 전형에서 가난하고 소외된 사회적 약자의 자녀들을 위한 고른 기회 전형 비중을 늘리는 데 더 큰 목소리를 내야 했다. 또 교육당국이 힘닿는 데까지 교육 혁신을 하겠다면 냉철한 이타주의자처럼 지침을 세울 때부터 앞으로 닥칠 부작용까지 깊이 생각해야 했다. 최소한 새로운 학력관이 정착하기까지 어느 정도 시간과 비용이 드는지, 얼마나 많은 사람들에게 영향을 끼치는지, 우리의 삶을 실제로 개선할 수 있을지에 대해서만큼은 편향되지 않게 다양한 의견을 개방적으로 들어야 했다.

아쉽게도 이런 일들은 지난 수년 동안 시도조차 없었다. 특히 몇몇 교육청은 국가수준의 교육과정을 재구성할 때 초·중등교육법 제23조 2항에 따라 그 지역의 특수성과 학교의 실정, 학생의 실태, 교사와 주민의 요구와 필요, 해당 지역과 학교의 교육 여건 등에 대해 면밀하게 조사해야 하는데도 지역 주민의 의사를 구체

적으로 묻거나 지역 교육의 실태를 객관적으로 조사하는 절차를
단 한 번도 지키지 않았다. 단지 교육감의 성향에 따라 학력관만
바꿨을 뿐이다.

지식 없는 '시 쓰기'는
맹목적 활동

교육을 비롯해 어떤 사회 문제라도 순서에 따라 매듭을 풀어야 잘 해결할 수 있다. 새로운 학력관을 통한 교육 개선 과정도 예외일 수 없는데 아직까지 이를 따른다고 볼 수 없어 아쉽다. 이런 학력관이 나름 명료한 원리주의처럼 보여 '오컴^{Ockham}의 면도날'을 연상케 하지만 교수·학습법에 근본적인 결함이 있다. 오컴이 그의 원리를 면도날에 비유한 까닭은 두 개의 주장이 같은 현상을 설명할 때 불필요한 근거를 잘라내고 간단한 쪽을 선택하라는 의도이지 문제를 해결할 때 합리적 과정을 생략하거나 대충 처리해도 좋다는 뜻이 아니다. 어떤 지침이 확실하게 보여도 전제나 근거에 흠이 있다면 좋은 방향이 될 수 없고 이를 실천한다고 해도 목표에 도달할 수 없다.

다음은 국어 교사들이 새로운 학력관에 따라 '시' 수업을 설계한 사례들이다.

시 수업을 잘하려면 반드시 재구성이 필요하다. 교과서는 좋은 예시 자료일 뿐이므로 교사는 교육과정의 성취기준과 어린이의 발달 과정을 고려해야 한다. 교과서에 나온 시들은 주로 어른들의 관점에서 쓴 '동시'들이다. 어른이 어린이에게 해주고 싶은 이야기일 뿐이지 어린이의 눈으로 세상을 표현하지 않는다. 그렇다고 교과서의 시와 어린이들이 쓴 시 중에 어느 것이 더 좋다고 결론을 내릴 수는 없다. 다만 교사는 시 수업으로 어린이의 성장과 발달을 돕겠다면 먼저 교과서에 나온 시와 다른 학교의 어린이들이 쓴 시를 비교하여 차이를 느끼도록 해야 한다. 다른 어린이들이 쓴 시를 보면 그들의 삶을 직접적으로 드러내기 때문에 수업에서 울림이 크며 시를 적극적으로 쓰도록 하게 한다. [17]

시를 배우는 목적은 시를 감상하는 능력을 기르고 시집을 구매하여 가족이나 이웃 등과 함께 이야기하는 데 있다. 즉 학생들이 정서적 즐거움을 느끼고, 시적 표현법이 미적 가치를 높이는 언어적 도구라는 것을 배우게 하며, 시를 쓰게 하는 데 있다. 따라서 운율, 비유, 심상, 상징으로 이어지는 시의 요소들을 지식적으로 접근하기보다 모둠 활동을 통해 시를 감상하게 하면서 시의 의미와 구성을 이해하도록 하고 각자의 삶이 담긴 시를 창작하도록 했다. [18] 특히 교과서에 실린 세련된 작품은 이러한 목적에 적합하지 않을 수 있다. 학생들에게 아무리 노력해도 시인처럼 시를 쓸 수 없다는 절망감을 줄 수 있다. 따라서 교사는 교과서의 멋진 시를 다른 시로 재구성해야만 학생들에게 시적 감수성과 시 쓰는 능력을 높여줄 수 있다. [19]

수업의 목표는 윤동주의 시를 읽고, 쓰고, 말하고, 들음으로써 공감하고 비판적이고 창의적인 수용을 통해 자아 성찰과 타인의 삶을 이해하는 데 있다. 시낭송회를 연 목적은 학교가 아이들에게 성장하는 경험을 주는 공간이라는 사실을 알리려는 데 있다. 윤동주의 시에 대해 주제를 탐구할 때도 다음과 같은 원칙을 세웠다. 첫째, 연구자의 입장이 되어서 시를 탐구한다. 둘째, 시인과 관련되거나 시대적 배경을 고려해서는 안 된다. 셋째, 소소할지라도 아직 지식이 아닌 현상을 연구한다. 그렇게 정해진 주제에는 '괴로움에는 이유가 없을까?', '참새는 왜 찍찍거리기만 할까?', '좋은 명상의 종류에는 무엇이 있을까?', '귀뚜라미와 나는 무슨 대화를 했을까?' 등이 있었다. [20]

교사들은 새로운 학력관에 따라 학생들이 교과서 안의 시와 밖의 시를 통해 운율과 표현법 등을 이해하고 시를 감상하거나 창작하는 즐거움을 느끼게끔 수업을 설계할 것이다. 수업 설계 취지에 비춰볼 때 이런 교수·학습법은 하워드 배로우스^{Howard Barrows}와 로빈 템블린^{Robyn Tamblyn} 박사가 만든 구성주의적 '문제기반학습^{Problem-Based Learning, PBL}'으로 학생 스스로 지식을 탐구하고 역량을 배우는 학생주도형 방식이다. 교사는 주제와 관련된 교육 내용을 교과 내 통합 혹은 교과 간 통합 방식으로 재구성하고 학생들을 모둠으로 구성해 주제와 관련된 일상의 문제를 선택하여 협동적으로 해결하도록 할 것이다.

이런 문제기반학습은 교사 중심에서 학생 중심으로 교육을 혁신한 듯 보이지만 실제로 배움이 일어난다고 확신할 수 없다. 교육에서 중요한 과제는 어떤 교수·학습법을 쓰느냐보다 실제로 학생들에게 배움이 일어나게 하는 일이다. 교사가 수업에서 이론적으로나 구성형식에서 모범적이고 새롭게 유행하는 수업 방식을 쓴다고 해도 정작 학생들에게 배움이 일어나지 않으면 좋다고 할 수 없다. 우리 교육당국이 바라는 인간상인 '자주적이고 창의적이고 교양 있고 더불어 사는 사람'으로 성장시킬 수 있을지는 여전히 미지수이다. 만약 시 수업에서 문제기반학습이 적합하다면 학생들에게 '시를 감상하거나 창작하는 교과역량', '교사나 친구에게 경청하는 의사소통역량', '협동하고 배려하는 공동체역량' 등 핵심역량을 높일 수 있어야 한다.

배움을 높이는 수업과 평가를 하겠다면

아마도 위 국어 교사들은 국가수준 교육과정의 중점 사항을 토대로 교과를 재구성하여 시 수업을 이끌어갈 것이다. 감상과 창작을 중심으로 핵심개념을 구조화하고 수업 차시를 나눠 학습량을 적절하게 조절하고 학생들이 좋아하는 노랫말을 주도적으로 소개하는 시간을 가질 것이다. 시어의 의미와 표현법을 익히는 데 그치지 않고 다른 시로 지식을 전이하고 창작하게 만들고 모둠 활동을 통해 경청, 공감, 협동 등 지식 외 태도 역량을 학습하도록 유도할 것이다. 이렇게만 보면 형식적으로는 교과역량과 핵심역량 학습이 모두 조화를 이루는 수준 높은 수업 계획서가 탄생할 것으로 기대할 수 있다. 그러나 실제로 시를 감상하고 창작하면서 배움이 일어나게 하려면 교수·학습 및 평가에서 몇 가지 주의해야 할 사항들이 있다.

시 감상은 그림을 그리듯 노래를 부르듯 시를 깊이 음미하며 미적인 내용을 이해하고 평가하는 활동이다. 시 속으로 들어가 시인처럼 생각하고 느끼는 일이지만 그 과정이 결코 단순하지 않다. 시는 생각이나 감정을 운율이 있는 언어로 압축하여 표현한 글로 일상의 언어보다는 세련된 어휘와 표현법을 쓴다. 따라서 시를 읽으면서 시인처럼 사고하려면 시를 감상하는 방법을 잘 알고 있어야 한다. 그 요소들을 잠깐 살펴보면 첫째, 시인이나 시적 화자가 처한 상황이나 감정, 관심사를 이해하려고 노력해야 한다. 둘째, 운율을 노랫가락처럼 받아들여 시적 분위기를 느끼게끔 리듬을 만드는 요소를 찾도록 해야 한다. 셋째, 시어의 의미나 비유, 상징 등 표현법을 이해하기 위해 사전을 들추거나 각종 표현법의 의미와 쓰임을 익혀야 한다. 넷째, 시인이 말하고자 하는 주제를 이해하기 위해 감상을 글로 써본다든지 그림으로 그려보는 활동이 필요하다.

이렇게 수업을 설계한다고 해서 학생들에게 시를 감상하는 힘이 길러진다는 보장은 없다. 교사가 수업에서 학습과학 원리에 따라 효과적인 교수·학습법과 평가방식을 써야만 실제 학습에 효과적이다. 뇌과학에 따르면 학습은 정보의 패턴을 확인하고 Pattern-Seeking, 자주 활용하는 자동화 Program-Developing 의 과정이다.[21] 즉 학습은 뇌가 정보를 경험적으로 탐색하여 식별하고 이해한 후 일정한 순서에 따라 활용하는 능력이다. 따라서 학생들에게 배움이 일어났다면 시에 담긴 속뜻을 깊이 새기고 아름다움을 즐기며 자신과 타인의 시까지도 평가할 수 있어야 한다. 다시 말해 시어를 적절하게 활용하는 어휘력, 비유나 상징 등 표현력, 시의 배경을 추론하는 통찰력, 시적 상상력, 시의 행과 연을 치밀하게 이어가는 구성력까지 전반적으로 늘어야 한다.

한편 교사가 수업에서 활용한 교수·학습법이 적절했는지 학생에게 실제로 학습이 이루어졌는지는 평가를 통해 드러나기 때문에 평가 역시 소홀하게 볼 수 없다. 새로운 학력관에서 평가 문제를 교과통합형이나 서술형·논술형 문제로 출제해야 한다고 규정했지만 시 수업 후에 치른 여러 평가지 사례를 보면 배움을 일으키는 최적의 문제라고 볼 수 없다. 한 예로 서로 다른 작품 (가), (나)를 제시하고 (가)를 분석하여 시적 표현법을 찾아내고 (나)에서 같은 표현법이 쓰인 행을 모두 찾아 그 이유를 구체적으로 서술하는 유형을 들 수 있다. 이런 문제에는 대개 힌트가 주어지는데 학생들에게 〈보기〉를 통해 시의 표현법에는 은유, 직유, 의인, 풍유, 영탄, 도치, 역설 등이 있다는 사실을 알려준다. 즉 〈보기〉를 주고 '어휘나 개념 점화에 따른 활성화 확산'을 의도하기 때문에 뇌에서 정보가 인출될 때 간섭을 줄여주는 객관식 시험과 비슷해진다. 또 학생들이 이미 시의 표현법을 장기기억에 저장해 잘 알고 있다고 보고 지식을 분석하고 전이하는 능력을 평가하는 데만 치우치게 된다.

학습과 관련해 시험으로 정보의 인출 능력을 평가하는 활동은 매우 중요하다. 우리 뇌에 되도록 많은 정보가 입력되어야 하지만 이런 방식에 치우치는 평가로는 작업기억인 일시적 기억만 형성된다. 바로 지금 혹은 아주 가까운 미래에만 정보를 쓰겠다면 특별히 문제가 없지만 평생 활용해야 하는 정보라면 일시적 기억만으로는 안 되고 자주 인출할 수 있어야 한다. 정보는 인출될 때 더 깊이 기억되고 다른 정보로 인한 간섭도 점점 줄어든다. 시 수업에서도 학습한 정보에 대해 친구들과 대화를 나누고 토론을 벌이고 관련된 자료를 인터넷으로 찾고 문제를 풀어보는 등 정보를 자주 떠올리다 보면 배움은 장기기억으로 깊이 남게 된다.

평가는 배움을 높이기 위한 당연한 절차이며 흔히 말하듯이 경쟁 중심의 줄 세우기와 직접적으로 관련이 없다. 아이들이 상처를 받지 않도록 사회적으로 불평등한 분배구조를 개선해야지 지식 위주의 평가를 줄이면서 태도 역량 평가로 대신하는 방식은 바람직한 일이 아니다. 평가를 위한 시험은 학습 효과를 높이는 데 유용하지만 어떤 유형의 문제냐에 따라 성취수준은 달라진다. 시의 표현법을 묻는 문제라면 학생들이 시의 표현법을 정확하게 외웠을 때와 외우지 않았을 때 문제 유형에 따라 답을 적을 확률이 달라진다. 문제에서 구체적인 단서가 주어지면 시의 표현법을 정확하게 외우지 않아도 정답이든 해답이든 답을 쓸 확률이 높지만 그렇지 않은 경우는 쉽게 풀 수 없다.[22] 시험 문제를 풀 때만이 아니라 시어나 표현법에 대한 기억 수준에 따라 시적 감수성이나 시적 화자에 공감하는 태도도 달라지니 그 차이는 결코 작다고 할 수 없다. 따라서 교사가 학생들의 전이 능력을 실질적으로 측정하고 다양한 피드백으로 학습을 도우려면 문제 유형을 '재인' 보다는 '회상' 능력을 평가할 수 있도록 바꿔야 한다. 문제에서 〈보기〉로 주어진 단서를 없애고 학생들에게 생소한 시에서 표현법을 찾아내 그 이유를 서술하도록 해야 무엇을 어느 정도 성취했는가를 세밀하게 파악할 수 있다.

시험 문제에 단서가 많이 들어갈수록 오픈 북 시험과 비슷해진다. 오픈 북 시험은 정보를 찾고 인식하는 방법을 배우기에는 적합하다. 고객의 질문에 일일이 응답하기보다 디지털 시스템에 구축되어 있는 응답을 신속하고 정확하게 찾아내는 능력을 높일 때는 나름 유의미하다. 하지만 학습이 뇌 속에 특정한 지식과 정보를 깊고 지속적인 기억으로 만들며 필요할 때마다 인출하는 회상 능력을 높이는 활동이라는 측면에서 이는 바람직하지 않다. 즉 재인 방식으로 점화해서 답을 찾는 문제를 출제하거나 오픈북 시험을 치르는 것은 고등사고력을 키우는 데 적합하지 않다.[23] 프랑스의 대학입학 자격고사인 바칼로레아, 독일의 김나지움 졸업고사인 아비투어, 우리의 대학입학 논술고사도 평생 쓸 수 있는 지식을 평가하기 위해 회상 방식의 문제를 출제한다.

교과서에 대한 미신

국어 교사들이 밝힌 수업 취지 중에 교과서에 수록된 시가 학생들이 시를 감상하거나 시를 쓰는 힘을 방해한다고 보는 견해가 있다. 교과서는 교사가 가르치기 좋게 만들어졌기 때문에 이에 실린 시로 수업하고 평가하면 시험을 잘 보려는 소수 학생만 적극성을 띤다고 보는 듯하다. 교사가 단 한 명의 학생이라도 포기하지 않는 수업을 하려면 모든 학생에게 삶을 바꿀 수 있으리라는 확신이 들게 만드는 시를 가르쳐야만 시를 읽거나 쓰고 싶은 마음이 생길 수 있다고 보는 것이다.

이처럼 새로운 학력관을 따르는 교사들의 수업 의지는 선하며 경이롭지만 다소 비현실적이다. 시 수업만 보더라도 교사가 교과서 밖에서 시를 선택해서 학습시켜도 학생들이 그 시에 관심을 기울인다고 확신할 수 없어 교과서 안의 시와 별반 차이가 없을 수 있다. 만약 시를 대체하는 배경이 학생 모두의 수업 동기 유발이라면 스스로 시를 정해 탐구하도록 하는 방식이 더 효과적이다. 이는 교사 중심의 교육이 불필요하다는 뜻이 아니라 교과서 밖의 시를 끌어올 때 교사 주관으로만 시를 선정하지 않아야 한다는 의미이다. 그러지 않으면 교사의 선한 수업 의도와 실제 학습 결과 간에는 상당한 괴리가 있게 된다.

학습 동기를 불러일으키려는 입장이 잘못되었다는 것도 아니다. 교사가 아무리 혁신적인 교수법으로 열정적으로 가르쳐도 모든 학생이 긍정적으로 받아들이거나 관심이 생겨나지는 않는다. 그러니 교사는 학생들이 최대한 수업에 몰입하도록 교과서에 실린 핵심개념에서 벗어나지 않는 범위 내에서 단원의 내용을 바꿔서라도 가르치는 것이 좋다. 하지만 이때 꼭 주의할 점이 있다. 교사는 새로운 내용을 단순한 흥미보다는 눈앞의 걱정거리 등을 잘 해결해주는 보상효과 높은 지식으로 구성해야 한다.[24] 그러지 않고 교과 지식을 흥밋거리로만 포장할 경우 학생들은 꼭 배워야 할 내용보다 주변 지식에만 주의를 기울이게 된다.[25]

꼭 교과서 밖의 시로 대체하겠다면 수업 전에 학생들의 지식 수준을 꼼꼼히 점검해야 한다. 중학생에게 시를 가르친다면 먼저 초등학교 시절 배운 각종 어휘나 표현법 수준을 파악한 후 시를 선택해야 한다. 우리 뇌는 무리한 과제라고 판단되면 스트레스를 받거나 포기하는 쪽으로 진화되었기 때문에 교사의 선의와 달리 학생들은 주의를 기울이지 않는다.[26] 비고츠키에 따르면 교사는 학생들과의 지속적인 상호작용과 평가를 통해 근접발달영역을 파악하고 학생의 수준보다 너무 높거나 낮지 않은 적절한 수준에서 교수·학습 활동을 설계해야 한다.[27] 이 점에서 수업의 속도는 다소 느리더라도 학생들이 배워야 하는 시는 학습 능력보다 약간 높은 수준이 되어야만 학생들의 흥미를 끌어내고 실제로 배움이 일어난다.

교사가 학생들의 사전지식 수준을 제대로 파악한 후 교과서 안의 시를 부적합하다고 보고 대체한다면 문제가 없다. 하지만 새로운 학력관을 따르는 교사들의 수업 모형을 보면 대개의 경우 교수·학습 설계의 기본적 절차인 '분석Analysis', '설계Design', '개발 Development', '실행Practice', '평가Valuation' 중에서 학생의 지식 수준을 파악하는 '분석'이 부족해 보인다. 심지어 매년 3월 초 교육청 단위로 기초학력 및 학습 장애를 분석하고 판단하기 위해 실시하는 학력진단평가마저 지식 위주의 지필고사라며 부정적으로 받아들이는 교사들도 상당수 있다. 이렇다 보니 모든 아이를 위한 교육을 하겠다며 교과서 밖의 시까지 끌어와 수업 혁신을 추진해도 실제로 배움이 일어나는지는 의심스러울 수밖에 없다.

교과서가 교사가 가르치기에만 좋게 만들어진다는 견해도 선뜻 동의하기 어렵다. 2015 개정 교육과정에서 교과서는 기초 소양을 바탕으로 학생 개개인의 꿈과 끼를 키워주는 맞춤형 수업이 이루어질 수 있도록 개발되었다. 그 내용도 초·중·고를 관통하여 교과의 전체적인 구조를 보여주는 핵심개념을 선정하고 일반화된 지식과 기능으로 뒷받침되었다. 즉 교과서에는 교사가 의도하듯이 학습의 동기를 유발하고 학습 목표를 추구할 수 있는 요소들이 모두 들어 있다. 따라서 학생들은 교과서 지식을 토대로 기능과 태도를 배우고 학습 수준을 높여가면서 지성, 감성, 시민성, 신체적 능력 모두 기를 수 있다. 시 수업에서도 학생들이 교과서에 실린 시를 꼼꼼하게 학습하면 충분히 자신의 삶에 전이할 수 있는 능력을 높일 수 있는 것이다.

'시' 수업도 학습과학 원리를 따라야 한다

교사들은 시 창작 활동을 늘리면 학생들이 시인처럼 멋진 시를 쓸 수 있을 것이라고 기대하지만 비현실적이다. 시인은 이미 장기기억의 지식을 통해 어휘력, 조어력, 구성력을 마음껏 구사할 수 있어 학생들과 다르다. 멋진 시를 창작하고 친구들과 공유하며 심미적 감성 역량이 길러지기를 진정으로 바란다면 먼저 시를 둘러싼 여러 지식과 기법을 충분하게 기억하게 한 후에 재현하는 방식을 선택해야 한다. 지식을 학습할수록 고도의 학습능력인 전이력과 창의력은 높아지기 때문이다.

시에 대한 지식이 없거나 부족한 학생이라도 모둠을 통해 지식을 공유하며 시를 쓸 수 있다. 하지만 멋진 시가 탄생할 가능성은 거의 없다. 시인들이 모둠을 구성한다면 각자의 장기기억에 갖춘 숙련된 시적 재능을 나눌 수 있어 더 멋진 시를 쓸 수 있지만 학생들은 다르다. 학생들끼리 시적 감수성이나 표현법을 나눈다고 해도 정작 시를 쓸 때 지식과 기술을 쓰는 방식은 시인 모둠과 다르고 어휘력이나 조어력을 고려하면 세련된 시를 짓기는 어렵다.

군이 시인만큼 탁월한 언어적 인지능력을 갖추지 않더라도 실생활에서 즐기는 수준이면 충분하다는 의견이 있을 수 있다. 실제로 시인이 아니더라도 주변에 멋지고 아름다운 시를 쓰는 사람들이 있다. 하지만 이들 대부분은 시를 쓸 때 이미 어떤 어휘를 어떻게 구성해야만 다른 사람들이 아름답다고 느끼는지를 잘 알고 있다고 봐야 한다.

교사가 지식을 경시하고 활동 중심으로만 설계하면 결국 시 지식이 부족한 학생들은 기본적인 형식을 갖춘 창작도 어렵고 모둠 활동에서 시 지식을 공유하더라도 작업기억은 과부하에 걸릴 확률이 높다. 물론 시 창작 수업에서도 시의 정의나 시와 리듬의 관계, 표현법이나 시상을 전개하는 방식 등 지식을 가르칠 것이다. 하지만 시 지식 수업이 자유로운 상상력으로 시를 해석해 감상을 공유하는 방식이라면 실제로는 지식 학습마저 방해할 공산이 크다.

시를 이론적으로만 교육해야 한다거나 특정한 해석만이 옳다는 뜻이 아니다. 이론은 상대적인 진리일 뿐 인간의 의지와 환경 변화에 따라 바뀐다. 그렇다고 지식 이론이 어제와 오늘이 다른 것처럼 매일 바뀌지는 않는다. 기존 이론이 부분적으로 달라질 수 있지만 새로운 이론으로 대체되기까지는 짧게는 수년, 길게는 수백 년이라는 시간이 필요하다. 그러니 어떤 영역에서든 이론이 실천의 지침인데도 그 효용성을 가볍게 보고 오직 경험하려고만 하면 성취 목표에 이를 수 없고 더 나은 실천을 위한 이론을 만들어낼 수도 없다. 알랭 바디우Alain Badiou가 "이론은 문제를 설명하고 해명하는 도구이기보다는 익숙한 일상에서 새로움을 찾아내는 도구일 수 있다."[28]고 말한 것은 이런 취지에서 나왔음을 꼭 기억해야 한다. 우리가 근육을 사용해야만 걷거나 달릴 수 있듯이 지식 이론을 알고 있어야 현실의 문제를 찾아내 더 나은 미래를 상상할 수 있는 것이다.

주제와 통합에만 집착하고
배움이 없다

새로운 학력관의 입장에서 통합 교육과정은 빼놓을 수 없는 중요한 원리이자 모범이다. 기존의 단선적이고 표준화된 교육과정만으로는 학생들이 성인이 되었을 때 복잡한 문제를 해결할 수 없다고 보기 때문이다. 학생들이 서로 협력하여 깊은 이해에 도달해야만 창조적이고 실천적인 인간으로 성장할 수 있다고 강조한다.[29]

보통 통합 교육과정은 분절된 지식과 경험을 의미 있는 방식으로 서로 관련지어 가르치는 교육과정으로 알려져 있다. 즉 학습자의 전인적 발달을 도모하기 위해 종래의 교과 경계를 허물고, 학습자의 경험과 참여를 중심으로 지식과 경험을 통합하는 교육활동이다. 통합의 대상은 보통 '지식', '주제', '기능', '쟁점' 등이지만 그동안 초·중·고에서 주로 해왔던 방식은 두 개 이상의 교과에서 공통주제를 정해 통합하는 방식이다. 이런 '주제통합수업'은 보통 특정한 시기에 거의 모든 교과가 참여하기 때문에 보다 적극적으로 학교 교육과정을 재구성하는 본보기가 된다.[30]

주제통합수업은 앞서 잠시 언급한 '문제기반학습'과 더불어 '프로젝트기반학습Project-Based Learning'으로 나뉜다.

문제기반학습은 비구조적이고 실제적인 문제를 해결하는 데 초점을 맞춘 학습자 중심의 교수·학습법이다.[31] 이 교수·학습법은 1968년 캐나다의 하워드 배로우스 교수가 기존 강의식 수업이 의과대학 학생들에게는 다소 수동적이고 의학 실습과 관련성이 매우 약하다는 문제에 주목하면서 실제 상황에 대처할 수 있는 능력을 기르도록 개발되었다. 문제기반학습에서 '문제'는 단순히 특정 주제나 단원의 내용과 관련된 질문이 아니라 우리 사회에서 실제로 직면할 수 있는 복잡한 문제들을 의미한다. 이런 문제들을 중심에 놓고 개별 학습이나 소집단 간 협력을 통해 비판적 사고, 창의력, 의사소통 등을 학습해나간다.

프로젝트기반학습은 구성주의의 '백미Highlight'로 알려져 있으며 학습자가 주도하여 학습할 주제를 선정하고 문제를 발견하고 문제 해결의 틀을 구성하는 구조화된 교수·학습 형태이다.[32] 즉 한 명 또는 그 이상의 학생들이 지식이나 경험을 요구하는 특정 주제에 대해 전 과정을 자율적으로 조직하고 탐구하는 학습이다.

프로젝트기반학습이 학교에 도입된 데는 대학생의 취업 준비와 밀접한 관련이 있다. 1970~1980년대 실무 준비가 되어 있지 않은 채 사회로 진출한 학생들은 사회적 우려의 대상이었다. 학교에서 배운 능력과 성인이 성공적으로 근로에 참여하는 데 필요한 능력 간 엄청난 단절이 있었기 때문이다. 1990년 미국의 엘리자베스 돌 Elizabeth Dole 미국 노동부장관은 이런 문제를 해결하기 위해 '미국기능교육발전위원회 SCANS, Secretary's Commission on Achieving Necessary Skills'를 구성했다. 이 위원회는 특히 취업에 도움이 되도록 학습을 구조화하는 방법을 연구할 것을 요청받았는데 취업에 필요한 기술과 태도를 정의해야 했고 여기에는 취업을 준비하면서 갖춰야 할 지식과 협업 특성 등이 들어 있었다. 이와 함께 기술과 태도에 대한 성취기준, 교사가 이를 평가할 수 있는 효과적인 방법 연구도 요청받았고 그 성과물 중 하나가 프로젝트기반학습이었다.[33]

이 두 가지 교수·학습법은 교수에서 학습으로 무게 중심을 이동시켜 교수자의 역할이 축소되고 학습자의 역할이 확대된다는 측면에서 공통분모가 많다. 굳이 다른 점을 꼽자면 문제기반학습은 과제의 성격, 프로젝트기반학습은 학습의 시작에서 마무리까지 총체적인 활동 과정에 주목한다.[34]

배움에서 '인터리빙'은 왜 필요할까?

다음은 '사회정의'라는 주제로 도덕, 국어, 과학, 수학, 체육 교과

등이 모여 이루어진 주제통합수업 참관기록 사례이다. 주제통합수업에 참여한 모든 교과들의 수업 과정을 세세히 알 수는 없지만 이 기록을 통해 교육청이 '수업의 꽃'이라고 극찬하고 권장했으며 학교에서 수업 혁신의 상징처럼 받아들이는 주제통합수업을 평가해보도록 하겠다.[35]

> 도덕과는 위안부 할머니들의 이야기를 다룬 『꽃 할머니』라는 동화책을 함께 읽고 위안부 할머니에게 응원 편지를 쓰는 수업을 진행했다. 역사과는 3학년 때 배울 일제강점기 단원을 2학년에 앞당겨 수업했다. 국어과는 도덕과 역사에서 배운 내용을 바탕으로 일본에 위안부 문제에 대해 항의하는 글을 쓰는 활동을 진행했다. 수학과, 과학과는 '장애인 인권'을 주제로 수업을 했다. 과학과는 교과 내용 중 감각기관이 포함되어 있어 감각기관들의 역할과 기능, 세부적인 내용에 대해 학습한 후 이상이 생긴 장애인들에게 도움을 줄 수 있는 발명품에 대한 아이디어를 창안하는 활동이 진행되었다. 수학과는 도형 단원과 연계하여 장애인을 위한 편의시설에 담긴 수학적 원리를 탐구하는 활동을 스마트폰을 검색하는 방식으로 수업을 진행했다.[36]

일반적으로 주제통합수업은 학생들에게 인지적 전이 능력과 태도 역량인 협력과 배려를 학습시키는 데 목적을 둔다. 교육 목표에 비추어서 보면 학생들에게 더할 나위 없이 좋은 수업이 될 수 있다.

주제통합수업은 교사들이 교과나 교과 단원의 순서에 구애를 받지 않고 주제를 정해 지식, 기능, 태도 등을 번갈아가며 가르치는 방식으로 기억의 '인터리빙Interleaving'과 밀접하다. 인터리빙은 원래 정보통신 분야에서 쓰이는 용어로 정보를 처리할 때 여러 프로세스를 번갈아가며 수행하는 방식이다. 인터리빙이 교수·학습법에 도입된 배경에는 언어학습 전문가인 로버트 비요크Robert Bjork의 공헌이 컸다. 그는 72명의 학생들에게 잘 알려지지 않은 12명의 화가가 그린 그림을 6개씩 고르게 한 다음 화가와 작품을 맞혀보는 실험을 했다. 절반의 학생들에게는 6개 작품을 보여준 후 다시 화가의 이름이 적힌 작품들을 3초간 보여줬다. 나머지 절반의 학생들에게는 화가별로 작품들을 보여주지 않고 뒤섞인 상태로 6개를 보여준 후 다시 화가의 이름이 적힌 작품을 3초간 보여줬다. 그 후 화가와 해당 작품을 연결하는 시험을 치렀는데 정답을 맞힌 비율은 화가별로 그림을 본 그룹은 50퍼센트 정도에 그쳤고 작품을 섞어서 본 그룹은 65퍼센트였다.[37]

학습에서 인터리빙이 필요한 이유는 앞서 언급했던 '청크'와 관련이 있다. 청크는 작업기억이 한꺼번에 많은 정보를 처리할 수 있도록 일정한 패턴으로 정보를 묶은 단위(덩어리)이다. 그런데 청크가 견고할수록 학습자에게는 축복이지만 꼭 그런 것만은 아니다. 청크 자체의 문제라기보다 어떤 고정된 패턴의 장기기억이 돌발적이고 비정형적인 문제의 처리를 방해함으로써 골칫거리가 될 수 있다. 따라서 학습자가 원하지 않는 청크는 애초 만들어져서는 안 되는데 그 해법이 바로 인터리빙이다. 즉 인터리빙은 현실의 불확실성을 고려하여 개별 청크가 고정된 패턴으로 굳어져 기억을 방해하지 않도록 한다. 또 학습자가 더 빠르게 각각의 청크에 접근하게 해주며 더 정확하게 청크를 적용하도록 돕기도 한다. 이는 학습자가 배움을 끝낼 때까지는 여러 번에 걸쳐 장기기억에 저장된 동일한 청크에 접근해 찾은 링크를 유지했다가 다시 돌려보내야 하기 때문이다.[38] 딱 들어맞는 청크가 없는 낯선 상황에서도 여러 청크를 확보했기 때문에 비슷한 청크를 적용하는 전이 능력도 함께 높일 수 있다. 주제통합수업이 "학생들에게 문제 해결 능력과 통합적 사고를 신장하게 하고, 지식과 기능과 인성이 조화된 전인적 인간으로 성장시키는 교육과정의 토대가 될 수 있다."라고 찬미하는 데는 이런 배경이 있다.[39]

상관관계를 인과관계로 착각하는 오류

단지 주제통합수업을 했다고 통합적 사고와 전이 능력이 높아지지는 않는다. 주제통합수업은 수업 목표를 이루기 위한 하나의 필요조건일 뿐, 교수·학습에 다른 조건들이 덧붙여져야 실제 효과를 기대할 수 있다.

다음은 앞서 소개한 주제통합수업에 참여한 과학 교과에 대한 참관기록 사례이다.

교사는 수업을 시작하면서 지난 시간에 배웠던 감각기관의 종류에 대해 다시 말했고, 학생들은 교사의 질문에 대답하면서 이를 복습했다. 그 후에 교사는 학생들에게 새로운 학습 활동지를 배부하고 모둠 편성을 지시하였다. 학습 활동지에는 "1. 감각기관 중 한 곳을 선택하여 어느 부분에 이상이 생기면 어떤 현상이 나타나는지 써보자. 2. 위에서 생긴 이상으로 인해서 생길 수 있는 불편함은 뭐가 있을까? 어떤 상황에서 어떤 불편함이 생길 수 있는지를 구체적으로 써보자. 3. 위에서 작성한 불편함을 해결할 수 있는 보조 기구를 고안해보자. 4. 보조 기구에 대한 그림을 그리고 기구의 사용법이나 장점을 설명해보자." 라는 과제가 제시되었다. 이에 따라 학생들은 학습 활동지에 자신들의 견해를 적고 교사가 나누어 준 도화지와 색연필을 이용해 자기들이 고안한 감각기관 보조 장치의 그림을 그리고 이의 대략적인 원리를 적었다. 교사는 모둠별로 활동한 내용을 발표하도록 지시하였다. 모둠별 발표가 끝나자 교사는 발표 내용을 전반적으로 공유하면서 과학의 원리로 사회적 약자를 배려하는 도구를 만드는 작업의 의미를 설명하였다. 학생들은 활동한 결과물을 교실 벽에 전시한다는 이야기로 수업을 마쳤다.[40]

과학 교과는 '사회정의'라는 주제에 맞춰 수업 목표를 감각기관의 구조와 기능을 배우고 감각기능에 어려움을 겪는 장애인을 배려하는 활동에 두었다. 참관기록을 보면 학생들이 감각기관에 대한 지식을 충분하게 배웠는지는 알 수 없다. 다만 학생들은 모둠을 구성한 후 감각기관에 대한 지식을 활용하여 장애인을 배려하는 보조 도구를 설계하고 사용법이나 장점을 설명한 것으로 나와 있다. 그런데도 다른 참관 평을 보면 "수업은 자연과학적 원리를 사회적 약자의 배려라는 주제와 연결하여 통합수업의 가치를 살리고 있다."고 기술되어 있다.[41]

이런 평가는 쉽게 납득할 수 없다. 과학 교과에서 했던 활동이 어떻게 사회정의로 연결되었느냐에 대한 뚜렷한 인과관계가 보이지 않는다. 설령 학생들이 장애인을 위한 보조 장치를 설계했더라도 보편적 개념인 사회정의를 장기기억으로 만들었다고 확신할 수 없다. 이는 다음의 논증처럼 손전등이 켜지지 않는 원인을 다른 부품의 고장 탓일 수 있는데 새 건전지를 불량품으로 보는 것과 비슷하다.

> 이 손전등은 켜져야 한다. 나는 방금 새 건전지를 샀고, 손전등에 그 새 건전지를 헌 건전지 대신 갈아 끼웠기 때문이다. 그런데 손전등이 켜지지 않는다. 그러므로 새 건전지는 불량품이다.[42]

이처럼 상관관계를 인과관계로 착각하는 오류는 비일비재한데 그 이유는 뇌의 생존본능에 있다. 우리 뇌는 에너지 소비를 최소화하려고 높은 상관관계를 인과관계로 받아들여 진실이든 거짓이든 굳게 믿으려는 경향이 있고 실제로 두 개념의 차이를 잘 구분하지 않는다.

사실 학생들이 사회정의에 대해 이해하려면 보다 복잡한 과정을 거쳐야 한다. 우선 사회정의의 의미, 그에 대한 기준이나 유형, 정의가 요청되는 이유 등에 대한 다양한 지식을 알고 있어야 한다. 그래야만 어떤 행위가 정의로운지 의식적으로 떠올리거나 그에 맞춰 행동할 수 있다. 학생들이 장애인 보조 기구를 설계하는 활동은 사회정의를 인식하고 올바른 태도를 기르는 데 필요한 극히 일부에 지나지 않는다. 또 이런 활동을 위해 배운 지식은 감각 기관의 구조와 기능인데 프로젝트기반수업 취지에도 맞지 않는다. 이 수업은 학생들이 시작과 끝이 있는 실제적인 과제를 중심으로 산출물을 생산하고 그 과정에서 아는 지식을 적용하고 실행하며 이론과 실제를 통합하는 교수·학습법이다.[43] 따라서 실제로 산출물이 나올 수 있도록 설계에 대한 기초 개념이나 장애인 보조 기구를 설계하는 방법 등 밀접한 지식 중심으로 수업이 이루어졌어야 한다.

가능성은 매우 적지만 어떤 모둠은 그럴듯한 보조 기구를 설계하고 장점을 발표했을 수 있다. 하지만 그 배경에는 이미 말했듯이 모둠에 속한 학생들이 설계하는 기구의 특징이나 기능 등에 대한 지식을 알고 있었기 때문이다. 이런 지식이 없거나 부족한 학생들은 설령 교사나 다른 뛰어난 학생이 옆에서 설계에 대한 지식이나 기구의 특징을 설명했어도 제대로 과제를 수행할 수 없었을 것이다. 작업기억으로 한꺼번에 많은 정보가 들어와 인지 과부하에 걸렸을 것이며 장기기억에도 관련 지식이 없는 탓에 창의적이고 실용적인 보조 기구를 설계하기란 어려웠다고 본다. 결국 과학 수업에서 배운 지식이 사회정의로 전이되지도 않고 보조 기구마저 제대로 설계할 수 없었을 것이다.

물론 관점에 따라서는 이 수업이 학생들에게 문제 해결 자체보다는 자기 주도적 학습 및 협력 학습을 통해 관련 분야에 대한 비판적 사고와 경험을 키워줬다고 볼 수 있다. 학생들이 문제를 해결하려는 노력 자체로 자신의 마음에 의미를 구성했다면 더 중요한 교육적 성취로 평가할 수도 있다.[44] 학생들이 보조 기구 설계에 대한 지식을 배우지 않았어도 보조 기구를 설계하는 활동을 했기 때문에 사회정의에 대한 주관적 의미를 만들었다고 보는 것이다. 그렇다고 해도 이론과 실천이 조화로운 수업이라고 평가할 수는 없다. 교사는 연간 수업일수나 수업시수가 제한된 상황에서라도 학생들에게 핵심역량을 길러주겠다고 한다면, 이론과 실천을 정합적으로 배울 수 있도록 지식을 기반으로 수행을 하는 등 보다 치밀하게 수업계획을 세워야 한다.

주제통합수업을 쉬운 수업으로 착각하는 듯

주제통합수업에 참여한 수학 교과에 대해서도 짚어봐야 할 문제가 있다. 혹자는 이 수업에 대해 "교사에게는 수업 시간에 수학 교과서와 함께 도덕 교과서를 들고 들어가는 경험을 하게 했으며 학생들에게는 수학을 배울 때 다른 교과를 이해하는 중요한 계기가 되었다는 점에서 좋은 수업이다."라고 평가한다.[45]

다음은 수학 교과의 수업 활동에 대한 참관기록 사례이다.

교사는 "오늘은 장애인을 위한 사회적 시설이 무엇이 있는지 찾아볼 거예요."라고 이야기를 하면서 학생들에게 스마트폰을 꺼내 우리 주변에 어떤 장애인 시설이 있는지 검색해보라고 지시했다. 학생들은 흥미롭게 스마트폰을 검색하며 교사가 지시한 내용을 수행하였다. 교사는 학생들에게 자신들이 검색한 시설에 있는 수학적 원리를 생각해보라고 했다. "장애인이나 환자가 타고 다니는 휠체어는 원지름이 30센티미터를 넘어야 해요. 이런 것을 찾아보세요."라고 예시를 들었다. 학생들은 책과 함께 정보를 검색해보고 그것을 그림으로 표현하며 그 속에 담긴 수학적 원리, 예를 들어 장애인용 화장실의 크기, 장애인용 비탈계단의 기울기 등을 찾아보는 학습활동을 수행하였다. 교사는 학생들의 활동 내용을 지켜보며 "잘 보세요. 여기에는 수학 시간에 배운 기울기가 나와 있어요. X축은 11, Y축은 1, 경사도는 11분의 1로 되어 있네요."라며 도움을 주었다. 학생들의 활동이 마무리되자 교사는 학생들이 작성한 내용을 칠판에 붙이며 이를 전체적으로 공유하는 시간을 가졌다. 교사가 "여러분은 오늘 수업에서 어떤 느낌이 들었나요?"라고 묻자 한 학생이 "생각보다 장애인을 위한 편의시설이 많지 않네요."라고 대답했다. 교사는 "이번 기회를 통해 여러분이 주변 시설물을 볼 때 장애인을 위한 시설이 얼마나 있는지 그리고 거기에 어떤 수학적 원리가 있어서 장애인을 돕고 있는지 생각해봤으면 좋겠어요."라는 말로 수업을 마쳤다. 46

수학 수업은 학생들이 배운 수학적 원리를 스마트폰으로 검색한 장애인 시설물에 전이하는 데 목표를 두었고, 학생들이 전이하지 못하면 교사가 해당 시설물에 어떤 수학적 원리가 적용되는지 알려주는 방식이었다. 그런데 참관기록을 보면 교사가 수업을 마칠 무렵 "장애인을 위한 시설이 얼마나 있는지 생각해봤으면 좋겠어요!"라고 말한다. 수학적 사고력을 길러줘야 할 시간에 굳이 이런 이야기를 할 필요가 있었느냐는 의문이 든다. 잘 알다시피 목표에 관심을 두는 것과 그 목표에 어떻게 도달하느냐의 문제는 같은 선상에 있지 않다. 교수자는 학습자에게 목표가 정해지면 합리적인 선택을 할 수 있도록 전략적 사고를 가르쳐야 그 역할을 다했다고 본다. 꼭 주제통합수업이 아니더라도 모든 학교 수업은 의도를 가지고 계획된 활동이므로 수학 수업이라면 수학적 원리를 장애인 시설물에 잘 전이하는 데 중점을 두는 것이 합리적이다. 학생들이 사회적 약자를 위해 무엇을 할 수 있을지 생각하는 일도 좋지만 우선 수학적으로 그 문제에 대해 더 깊게 사고하는 시간을 가져야만 축적된 지식으로 실제적인 도움을 줄 수 있다.

참관기록 사례만 놓고 보면 교사가 수학적 원리를 설명했다고 만 나와 있지 수학적 원리가 잘 전이되었는지는 확실하지 않다. 따라서 학생들이 검색한 장애인 시설물에 대한 수학적 원리를 제대로 설명할 수 없다고 보인다. 학생들이 스마트폰으로 나름 적합한 장애인 시설물을 선택했어도 이전 교육과정까지 배우지 않았거나 장기기억에 저장되지 않아 전이하지 못했을 확률이 크다. 가령 장애인 계단이라면 경사각과 관련된 일차함수를 알아야 하고 장애인 전용 화장실이라면 장애인이 움직일 때 불편하지 않도록 면적을 구하는 원리를 제대로 이해하고 있어야 한다. 모둠 성원 일부나 전체가 사실적 지식인 다양한 수학적 원리를 이해하고 여러 번 인출했던 경험이 없다면 모둠 활동을 한다고 해도 전이하기 어렵다. '사회정의'라는 주제에 수학 교과가 억지로 끼워 맞춰진 듯한 의심을 하지 않을 수 없게 된다. 수학적 원리를 사회정의로까지 확장하려면 넘어야 할 산이 많고 학습과학 원리와 절차를 잘 따라야 하는데 주제통합수업을 너무 쉽게 생각하는 것은 아닌지 우려스럽다.

통합이 능사가 아니다

주제통합수업은 이미 말했던 것처럼 대개 인터리빙 방식으로 설계된다. 인지심리학자 제레드 호바스^{Jarad Horvath}에 따르면 인터리빙은 유용하지만 언제나 효과적이지는 않고 어떤 방식으로 학습할지 예측 불가능할 때 주로 효과적이다. 이를테면 베토벤의 〈운명〉을 연습할 때 인터리빙은 아무런 도움이 되지 않는다. 이 교향곡의 모든 음은 이미 명백하게 정의되어 있고 확실한 순서가 있으므로 더 넓은 범위로 시퀀스를 확장하고 더 커다란 청크를 형성하는 방식이 오히려 효과적이다. 이때 필요한 학습은 리듬과 하모니에 대한 반복이지 뜬금없이 인터리빙으로 학습하면 시간 낭비가 되고 심지어 정보 인출을 방해하는 간섭까지 만들어낼 수 있다.[47]

과학 교과 세부목표인 감각기관의 구조와 기능에 대한 이해만 보더라도 반드시 주제통합 같은 인터리빙 방식으로 가르치고 학습해야 효과적인 예측 불가능한 상황이 아니다. 더구나 중학교 과학 교과서에 실린 이 단원은 사실적, 개념적 지식 위주여서 내용이 명확하고 앞으로도 바뀔 가능성이 거의 없다. 따라서 학생들의 전이 능력을 높이려면 도덕, 일본어, 역사 등과 함께 통합하기보다는 세부목표와 관련된 보다 다양하고 깊은 사실적, 개념적 지식을 가르치는 방식이 바람직하다. 무엇보다 학생들은 아직 전문가처럼 사고할 수도 없다. 전문가는 장기기억 속에 수많은 자연과학적, 공학적 지식을 갖고 있고 또 어떻게 설계와 시공을 해야 하는지 경험도 풍부하다. 아무리 똑똑하고 교육을 잘 받은 초·중·고 학생이라도 장애인 시설물을 조사해 개선점을 제시하고 발표까지 해야 하는 목표는 비현실적이고 수준에 어울리지 않는 프로젝트이다. 모둠 활동을 통해 집단지성의 협력으로 해결할 수 있는 문제도 아니다. 모둠 활동이 효과가 있으려면 장애인 시설물을 여러 번 만들어본 경험이 있거나 최소한 그와 관련된 사실적, 개념적 지식을 아는 교사, 전문가, 학생이 참여해야 한다.

수학적 원리를 전이하는 학습도 마찬가지이다. 수학적 지식은 표상적 지식으로 절차적 지식과 달리 특정한 일을 수행하는 능력과 직접 연결되지 않고 감각 경험에 의존하지도 않는다. 따라서 우리가 앞으로 경험을 확장한다고 해도 그 원리가 바뀔 가능성은 거의 없다. 이를테면 '2 + 3 = 5'라는 덧셈의 원리는 물 2리터에 알코올 3리터를 합하니 5리터가 안 되는 현상을 발견했다고 해서 거짓이 되지 않는다. 학생들이 수학적 원리를 장애인 시설물에 대해 제대로 전이하지 못하는 상황이고 정말 교사들이 그 능력을 높이려고 한다면 수학적 지식 학습량을 늘리도록 수업을 설계해야 한다.

수학 교과 세부목표인 사회적 약자를 배려한 시설물을 찾는 활동도 수학적 사고력을 높이는 활동과는 결이 다르다. 어떤 시설물의 위치를 검색하는 활동으로는 수학적 사고력을 기를 수 없다. 수학적 사고는 수학자에 따라 미묘한 차이는 있지만 '논리적 사고'이고 '전략적 사고'이다.[48] 즉 상대방이 받아들일 수 있도록 이치를 따지고 근거 수치와 자료를 제시하며 차근차근 설명하는 비판적 사고이다. 한 예로 직장인이 회사와 연봉을 협상할 때 같은 업종에서 일하는 누군가의 전년도 영업실적이나 급여와 비교하여 금액을 제시하면 회사는 그 제안을 무턱대고 거절하기가 쉽지 않다.

수학적 사고가 꼭 문제를 해결하는 기술만을 의미하지 않는다. 수학적 사고는 문제를 찾기 위한 기술이기도 하다. 수학 최고의 난제라고 불리는 '페르마의 마지막 정리^{Fermat's Problem}'를 증명한 사람은 정작 페르마가 아니라 영국의 수학자 엔드루 와일즈^{Andrew Wiles}였다. 하지만 사람들은 문제를 제기한 페르마를 기억하지 와일즈를 떠올리지 않는다.[49] 이렇게 보면 수학적 사고는 문제를 증명하여 해결하는 기술이라기보다 누구도 알아차리지 못했던 문제를 발견하고 해결하려는 창의적 사고로도 볼 수 있다.

주제통합수업을 효과적으로 꾸리려면 개별 교과들의 지식을 충분하게 교수·학습하는 순서가 선행되어야 한다. 흔히 교사들은 처음 주제통합수업을 할 때 욕심이 생기다 보니 교과 지식의 깊이보다는 다른 주제를 넘나드는 데 급급한 경향이 있다. 하지만 이런 습관은 인터리빙을 하는 목적이 개별 청크를 완전하게 만들면서도 유연한 사고를 하는 데 있다는 점을 떠올리면 썩 바람직하지 않다.[50] 학습과학 원리에 따르면 교과 수업을 통해 학생들에게 먼저 청크 기술을 가르치고 사실적, 개념적 지식을 능숙하게 학습시킨 후 지식 인출이 자연스러운 수준에 이르렀을 때 인터리빙을 해야 효과를 높일 수 있다. 그런데도 새로운 학력관에 호의적인 교육청이나 교사들은 주제통합수업이 곧 미래교육이라는 말만 반복할 뿐 학습과학 원리에 대한 문제의식이 없어 보

인다. 위에서 소개한 주제통합수업에 대한 비판적 평가 사례는
이를 잘 보여준다.

> 첫째, 교사들에게 새로운 과제가 주어질 때 적극적이고 도전적
> 인 분위기보다 거부감, 학생 반응이 좋지 않을까에 대한 걱정과
> 두려움이 표현되었다. 둘째, 주제통합수업을 운영하려면 타 교
> 과와의 소통과 협력이 필요한데, 이러한 소통과 협력의 문화가
> 기존의 교사 문화에는 생소했다. 셋째, 우리나라의 오랜 수업방
> 식인 교과서 진도 나가기 방식 수업을 진행하면서 주제통합수
> 업을 새롭게 도입하다 보니 두 가지 수업방식이 충돌하고 시수
> 와 역량이 부족한 상황이 벌어졌다. 넷째, 상대평가를 당연한
> 것으로 받아들이는 교사 문화에서 주제통합수업 운영에 따른
> 학생 중심 활동 수업을 진행하다 보니 어려움이 있었다. [51]

사실 이렇게 문제점을 지적하는 평가마저 마뜩잖다. 좋지 않은
평가를 받게 된 원인을 그저 소통과 협력의 부재나 수업시수와
수업일수 한계 그리고 주제통합수업과는 전혀 무관한 상대평가
탓으로 돌리고 있기 때문이다.

수학과 과학과는 다르게 국어, 도덕, 역사 교과 등에서는 좋은
평가가 나올 수 있다.

> 학생들은 역사 시간에 역사적 사실을 배우고, 도덕 시간에 위안

부 할머니들의 삶에 더 깊이 들어가 할머니께 편지를 쓰는 활동을 했으며, 국어 시간에는 일본의 만행에 대해 비판하는 글쓰기를 하였다. 교사들은 이런 교수·학습이 "학생들에게 교과서적 지식을 넘어 위안부 할머니의 삶에 대해 배우고, 옳지 못한 것에 논리적 주장을 펴는 수업을 통해 머리로만 배우는 것이 아니라 가슴으로 배우는 깊이 있는 배움을 하게 되었다."[52]

인터리빙의 실제적인 효과는 여러 경험을 통해 알 수 있듯이 학습하는 지식이나 기능이 상이할 때보다 유사할 때 더 크다.[53] 축구와 연날리기는 서로 다른 기술을 사용하기 때문에 학습자가 두 기술을 혼동할 가능성은 거의 없다. 하지만 족구는 축구와 비슷한 근육을 사용하는 운동이므로 두 기술을 쓸 때 어떤 근육을 써야 할지 혼란에 빠진다. 이렇듯 교사들이 교과를 통합할 때 핵심개념인 지식, 기능이 비슷한 교과들끼리 구성하면 학생들은 각교과의 핵심개념을 구별하려고 주제와 관련된 지식과 기능을 자주 인출할 수밖에 없다. 학생들이 위안부 할머니들이 공감하는 편지, 일본의 만행을 규탄하는 글을 쓸 정도로 깊은 배움이 일어난 데는 도덕과 역사 두 교과에서 배운 지식이 비슷했고 반복적으로 공통점과 차이점 등을 찾고 분석해 전이 능력이 높아졌기 때문이다.

주제통합수업을 설계할 때 각 교과의 고유한 특성을 따지지도 않고 '협력'과 '배려'라는 태도 역량을 높인답시고 무조건 통합하는 방식이 교육적으로 바람직한지도 의문이다. 학생들이 개인적인 욕망을 채우기 급급하기보다는 타인과 조화롭게 살아가기 위해 협력과 배려라는 방법을 익혀야 한다는 데 이견은 없다. 이를 위해 모둠을 통해 현실 문제에 대해 다양한 의견을 나누면서 함께 해결하는 방법을 찾아가는 주제통합수업은 유용하다. 하지만 앞서 5장에서도 언급했듯이 교육과정에서 지식이 태도에 선행해야 한다는 학습과학 원리에 비춰보면 지식을 홀대하는 주제통합수업으로 태도 역량이 길러진다고 보기는 힘들다. 어떤 주제통합수업이라도 학생들이 창조적이고 실천적인 인간으로 성장하는 데 도움이 된다는 평가는 과장이며 막연한 희망사항일 수밖에 없다.

주제통합수업은 선도 악도 아니다

주제통합수업은 선도 아니고 악도 아니고 꼭 해야 하는 수업 방식도 아니다. 교사가 차시별로 세분화된 교육과정에서 하나의 주제에 맞춰 수업을 재구성하는 일은 그렇게 간단한 문제도 아니다. 주제통합수업을 편성하고 운영하면서 통합의 규모와 학년, 시기, 내용과 과정 등 고려해야 할 사항이 너무도 많다.[54] 또 근본적으로 교과통합을 이뤄 활동하기에는 부적합한 교과도 있다. 특히 영어 교과는 어휘, 문법, 구문 등을 주로 반복하여 교수·학습해야 하므로 통합이 효과적이지 않고 활동 면에서도 시간적, 물리적 제약이 많다.[55] 핀란드의 주제통합수업이라고 할 수 있는 '현상기반 프로젝트'도 일 년에 한두 개만 수행되며 대부분의 수업은 개별 교과를 중심으로 이루어진다.[56]

구성주의적 관점으로는 앞서 사례로 든 주제통합수업을 다르게 평가할 수 있다. 학생들이 수업을 통해 사회적 약자를 배려하는 활동의 의미를 능동적이고 적극적으로 찾아내고 서로 협력함으로써 사회정의에 대한 의미를 만들었기 때문에 좋은 수업이라고 주장할 여지가 크다. 하지만 주제통합수업의 요체는 학생이 학습하고 있는 교과나 주제의 핵심개념을 정말로 완전히 배웠음을 증명하는 데 있다.[57] 학생이 아무리 능동적으로 탐구했어도 교과 지식이나 주제의 핵심개념조차 이해하지 못했다면 배움이 일어났다고 볼 수 없다.

교육전문가 그랜트 위긴스Grant Wiggins와 제이 맥타이Jay McTighe는 학생들이 수업을 받고 이해했는지 알 수 있는 여섯 가지 방법을 고안했다. 첫째, 학생은 무엇이 어떻게 작용하는지 어떤 일이 왜 일어났는지 아이디어가 더 넓은 맥락에 어떻게 맞아 들어가는지에 대해 명확하게 설명할 수 있어야 한다. 둘째, 학생은 그가 배운 내용을 새롭게 조명되는 이야기로 해석할 수 있어야 한다. 셋째, 학생은 새로운 문제를 해결하거나 새로운 상황에 정보를 정확하게 적용할 수 있어야 한다. 넷째, 학생은 아이디어를 다른 시점에서 논리적으로 검토하고 비판함으로써 객관성을 보여주려고 해야 한다. 다섯째, 학생은 다른 사람들이 이상하다고 생각하거나 믿기 어려워하거나 속상해하거나 비논리적이라고 생각할 수 있는 상황을 찾아 이를 설명하고 다양성의 가치를 존중하려고 해야 한다. 여섯째, 학생은 메타인지를 통해 자신의 약점을 드러내거나 이해에 영향을 미치는 불확실한 상황을 설명하여 자신의 학습 방식을 반성할 수 있어야 한다.[58]

이런 기준에 비춰보면 교과 수업을 고유의 성격과 어울리지 않는 주제에 통합하거나 인터넷 검색 등 학습과는 동떨어진 활동으로 구성하면 통합은 말할 것도 없고 수업 효과마저 떨어질 수 있다. 영국의 전직 교사이자 교육정책 전문가인 데이지 크리스토둘루도 이런 방식의 주제통합수업에서는 배움을 기대할 수 없다고 말한다.

수업 교사는 미국 남북전쟁 이전에 남부지방에서 흑인 노예들의 탈출을 도왔던 비밀조직인 '지하철로 조직'에 관한 수업 활동으로 쿠키 굽기를 하였다. 노예들이 지하 철로를 이동하는 중에 먹었던 음식이 쿠키였기 때문이다. 내가 가르쳤던 축구의 역사에 대한 수업에서 학생들은 대부분의 활동 시간을 역사나 지리, 축구를 이해하는 데 쓰지 않았다. 그들은 대부분의 시간 동안 팀의 문장을 어떤 모양으로 만들고 어떤 색깔을 사용할 것인가를 생각하면서 소비했다. 셰익스피어가 쓴 〈로미오와 줄리엣〉에 대한 영어 수업에서도 학생들은 꼭두각시 인형

을 만들 때 그 인형을 조정하는 방법을 생각해보느라 많은 시간을 썼다.[59]

역사 교과에서 교사는 지하철로 조직을 중심으로 수업하고자 했지만 다수의 학생은 쿠키를 굽기 위한 재료 준비, 요리법, 오븐 사용법 등에만 관심을 두고 있다. 영어 수업에서도 꼭두각시 인형에 색깔 칠하기와 조정 방법을 배우는 활동도 필요하지만 정작 수업의 핵심인 〈로미오와 줄리엣〉에 대한 이해에는 주목하지 않아 학습 방향이 완전히 틀어졌다고 본다.[60]

어떤 교사라도 학교에서 "주제통합수업을 위해 주제통합수업을 해야 한다."고 하면 동의하지 않을 것이다. 주제통합수업이 학생들의 학력을 높이고 공동체를 유지하고 발전시키려는 의지를 다지는 데 보탬이 되려면 반드시 학습과학 원리를 따라야 한다. 교사는 학생들이 지식 중에 어떤 지식이 얼마만큼 삶에 필요한지 스스로 깨우치도록 정교화, 조직화, 심상화 등 효과적인 수업 기술로 가르치고, 실제로 장기기억에 충분하게 저장되었는지 자주 확인해야 한다. 그래야만 전이와 통합적 사고를 지향하는 주제통합수업의 장점을 살릴 수 있다.

수업 속에 숨겨져 있는
교육적 함의

수업 전에 학생들의 지식 수준을 측정하지 않고, 교과서에 수록된 내용은 그저 교사가 가르치기에만 좋다거나 학생들의 삶을 배제한다고 보는 태도는 미신에 불과하다. 지금 우리가 사용 중인 교과서는 최고는 아니어도 충분히 학생들의 진로와 수준을 고려하여 만들어졌고, 실제로 배움이 일어나는지는 결국 교사의 교수·학습법에 달려 있다.

교사는 학생들이 어느 부분에서 학습에 혼란이 일어나는지 주의 깊게 관찰하고 지식 수준이 모두 다르다는 사실을 인정하여 별도의 개별적 조치를 마련하는 등 학생들이 수업에 끈기를 갖고 몰입할 수 있도록 가르쳐야 한다. '학습의 누적적 결손'이 있는데도 불구하고 계속 교과서 밖의 내용을 제재로 선정해 가르치면 학년이 올라갈수록 학습부진아 수는 늘 수밖에 없다. 수업 설계 시 지식 학습의 비중을 늘려야 하는 것은 물론이고 혹여 지식의 부호화보다 인출에만 초점을 맞추고 있는 것은 아닌지 진지하게 재고해봐야 한다. 또 어떤 인출이든지 뇌에 기억된 정보의 양이 많아야만 궁극적으로 과제를 해결할 수 있다는 학습과학 원리를 잊지 말아야 한다. 배움의 그물이 촘촘할수록 새로운 지식에 대한 수용 능력이 높아지고 새로운 지식 역시 그물에 걸려 도망가지 못하는 법이다.

주제통합수업은 학생들의 학력과 전이 능력을 높이고 고차원적 사고를 촉진하는 데 의도가 있지만 철저히 학습과학 원리에 맞춰 설계되어야 효과가 있다. 주제통합수업뿐만 아니라 모든 수업이 혹여 다음과 같은 입장에서 이루어진다면 '주제통합만을 위한 주제통합', '수업만을 위한 수업'이 될 뿐이다.

> 어른들은 교사가 교과를 단원 순서대로 가르쳐주기를 원하지만, 아이들은 주제에 대해 배우려고 하기 때문이며 교사들은 교과의 단원에 실린 내용보다 먼저 아이들이 배우고자 하는 주제에 대해 충분하게 가르쳐야 하며 그 후에 교과의 핵심개념에 접근해야만 학습 동기를 유발할 수 있다. [61]

> 통합 교육과정은 중등학교보다 상대적으로 초등학교에서 활성화되었는데 이는 담임교사가 대부분 교과목을 담당하고 있

어 기술적으로 교육과정을 재구성하기가 쉬우며 진도를 나가는 데 부담도 적고 상대적으로 융통성 있게 시간표를 조절할 수 있기 때문이다. [62]

학생들 스스로 삶의 문제를 해결할 수 있는 능력을 높여주는 교육 방식이라면 좋다고 할 수 있다. 하지만 교사가 학생들이 이미 지식을 충분하게 알고 있을 것이라고 미리 짐작하거나 임의로 지식 학습을 경시하고 활동 중심으로 수업을 구성하면 '전인적 발달'이라는 궁극의 교육 목표를 이룰 수 없다. 비록 '전인적 발달'이라는 교육 목표가 너무나 이상적이어서 현실에서 도달할 수 없다고 해도 오랫동안 바뀌지 않은 이유는 어쩌면 시대를 초월한 일종의 명령이기 때문인지 모른다.

모든 교육 관계자들은 우리 학생들의 행복한 삶을 위해 끊임없이 교육을 고민하고, 학습과학 원리에 보다 충실한 교수·학습법을 개발하여 현실과 이상의 간극을 좁히려고 노력해야 한다. 주제통합수업만 하더라도 과도한 환상을 깨고 강의법, 토의·토론법, 탐구학습, 협력학습 등 여러 교수·학습법들과 동등한 하나의 선택지 정도로 받아들여야 한다. 그러면서 학생들에게 실제로 배움이 일어나려면 과연 어떤 방식이 나은지만을 진지하게 고민해야 한다.

인용 및 참고 문헌

서문

1 발터 벤야민, 최성만 옮김,『역사의 개념에 대하여 폭력비판을 위하여 초현실주의 외』, 길, 2008, p339

1장

1 유발 하라리, 조현욱 옮김,『사피엔스』, 김영사, 2015, pp43~44

2 스티븐 로, 하상용 옮김,『철학학교 2』, 창비, 2004, p146

3 이강수,『노자와 장자』, 길, 1997, pp138~140

4 피터 버크, 이상원 옮김,『지식은 어떻게 탄생하고 진화하는가』, 생각의날개, 2017, p15

5 한국철학사상연구회,『지식의 바다에서 헤엄치기』, 동연, 2000, pp28~30

6 피터 버크, 이상원 옮김,『지식은 어떻게 탄생하고 진화하는가』, 생각의날개, 2017, p22

7 박준호 외 9인,『비판적 사고』, 신아출판사, 2012, pp74~79

8 남경태,『남경태의 스토리 철학』, 들녘, 2007, pp66~68

9 남경태,『현대철학은 진리를 어떻게 정의하는가』, 두산동아, 1997, pp244~247

10 이성재,『지식인』, 책세상, 2017, pp13~15

11 남경태,『현대철학은 진리를 어떻게 정의하는가』, 두산동아, 1997, p246

12 남경태,『현대철학은 진리를 어떻게 정의하는가』, 두산동아, 1997, p247

13 유성상,『배움의 조건』, 지식의날개, 2017, p405

14 오가와 히토시, 노경아 옮김,『청춘을 위한 철학 에세이』, 아름다운사람들, 2013, p182

15 야마자키 마사카즈 지음, 이재강 옮김,『가까이 두고 싶은 철학 이야기』, 북피

아, 2005, pp322~327

16 오가와 히토시 지음, 노경아 옮김,『청춘을 위한 철학 에세이』, 아름다운사람들, 2013, pp183~186

17 옥정무, 김승균 외 옮김,『서양철학사』, 일월서각, 1986, pp183~186, pp419~422

18 임희완,『서양사의 이해』, 박영사, 2013, p498, pp183~186

19 옥정무, 김승균 외 옮김,『서양 철학사』, 일월서각, 1986, pp425~426

20 오가와 히토시, 노경아 옮김,『청춘을 위한 철학 에세이』, 아름다운사람들, 2013, p186

21 교육부 보도자료,「2019년 국가수준 학업성취도 평가 결과 발표」, 2019. 11. 29

22 김진숙,「2018년 고교학점제 연구학교 교원 워크숍: 일반계고 고교학점제 해외 사례」, 한국교육과정평가원, pp144~165

23 윤성혜 외,『미래교육 인사이트』, 지식과감성#, 2019, pp270~271

24 미국 학습과학 발전위원회 외,『학습과학: 뇌, 마음, 경험 그리고 교육』, 학지사, 2008, p29

2장

1   김재춘,『학교의 미래, 미래의 학교』, 미래엔, 2018, pp182~183

2   대니얼 윌링햄, 문희경 옮김,『왜 학생들은 학교를 좋아하지 않을까?』, 부키, 2011, pp21~23

3   한나 모니어 외, 전대호 옮김,『기억은 미래를 향한다』, 문예출판사, 2017, pp75~77

4   김대식,『당신의 뇌, 미래의 뇌』, 해나무, 2019, pp135~137

5   조 볼러, 이경식 옮김,『언락』, 2020, 다산북스, pp183~186

6   이대열,『지능의 탄생』, 바다출판사, 2017, pp81~82

7   이성규, '용어로 보는 IT - 기술적 특이점', 네이버 블로터

8   이대열,『지능의 탄생』, 바다출판사, 2017, pp86~91

9   이대열,『지능의 탄생』, 바다출판사, 2017, pp86~87

10 이대열,『지능의 탄생』, 바다출판사, 2017, p87

11 이대열, 『지능의 탄생』, 바다출판사, 2017, p88

12 아라이 노리코, 김정환 옮김, 『대학에 가는 AI VS 교과서를 못 읽는 아이들』, 해 냄, 2018, pp115~127

13 아라이 노리코, 김정환 옮김, 『대학에 가는 AI VS 교과서를 못 읽는 아이들』, 해 냄, 2018, pp159~175

14 네이버 지식백과, '주입식 교육'

15 박남기, 『최고의 교수법』, 쌤앤파커스, 2017, p339

16 한혜정 외, 「2015 교육과정 총론 해설」, 교육부, 2017, p6

17 박남기, 『최고의 교수법』, 쌤앤파커스, 2017, p340

18 추병완, 「구성주의의 교육적 함의」, 교육과정평가원, 2000, 제3권 제1호 pp1~2

19 초등교육과정연구모임, 『행복한 혁신학교 만들기』, 살림터, 2011, p35

20 초등교육과정연구모임, 『행복한 혁신학교 만들기』, 살림터, 2011, p36

21 이찬승, 「교육부의 솔직하지 못한 PISA 2018 보도」, 교육을바꾸는사람들, 2019. 12. 5

22 김승호, 「PISA 2018 결과에 대한 비판적 분석 및 활용의 필요성」, 교육을바꾸는 사람들, 2019. 12. 19

23 교육부 보도자료, 「OECD 국제학업성취도 비교 연구 결과 발표」, 2019. 12. 4

24 교육부 보도자료, 「OECD 국제학업성취도 비교 연구 결과 발표」, 2019. 12. 4

25 김승호, 「PISA 2018 결과에 대한 비판적 분석 및 활용의 필요성」, 교육을바꾸는 사람들, 2019. 12. 19

26 교육부 보도자료, 「OECD 국제학업성취도 비교 연구 결과 발표」, 2019. 12. 4

27 교육부 보도자료, 「OECD 국제학업성취도 비교 연구 결과 발표」, 2019. 12. 4

28 키르스티 론카, 이동국 외 옮김, 『핀란드 교육에서 미래교육의 답을 찾다』, 테크 빌교육, 2020, pp148~149

29 이찬승, 「교육부의 솔직하지 못한 PISA 2018 보도」, 교육을바꾸는사람들, 2019. 12. 5

30 고영성, 『어떻게 읽을 것인가』, 스마트북스, 2015, p252

31 고영성, 『어떻게 읽을 것인가』, 스마트북스, 2015, p253

32 교육부 보도자료, 「OECD 국제학업성취도 비교 연구 결과 발표」, 2019. 12. 4

33 이대열,『지능의 탄생』, 바다출판사, 2017, pp83~93

34 하마다 타다시, 이수경 옮김, 『생각을 발견하는 철학산책』, 이손, 2002, pp145~146

35 이진경,『철학과 굴뚝청소부』, 그린비, 2005, p274

3장

1   교육부 보도자료 「2019년 초·중·고 사교육비 조사 결과 발표」, 2020. 3. 11

2   《베리타스알파》,「학종 컨설팅 '네 배 증가?'」 2019. 9. 17

3   대학교육협의회, '2009년~2020년 대입전형 기본사항' 안내 팸플릿

4   《문화일보》,「학생부 관리에만 480만 원... 입시코디 학원 4배↑」, 2019. 9. 16

5   채효정,「기술시대의 인간교육: 미래라는 불안과 협박에 맞서」, 성미산청소년 교육활동연구회 기획특강, 2018, pp1~2

6   김재춘,『학교의 미래, 미래의 학교』, 미래엔, 2018, p15

7   채효정,『기술시대의 인간교육; 미래라는 불안과 협박에 맞서』, 성미산청소년 교육활동연구회 기획특강, 2018, pp1~2

8   김유리 외,「신 학력관과 2015 개정 교육과정에 기반한 국가수준 학업성취도 평가의 대안 모색」, 서울특별시 교육연구정보원, 2019, p13

9   《IT뉴스》,「말 바꾼 클라우스 슈밥... "AI 로봇이 일자리 높인다"」, 2019. 7. 28

10 교육부 보도자료, 「2019년 국가수준 학업성취도 평가 결과 발표」, 2019. 11. 29

11 《오마이뉴스》,「중고교생 행복도 6년간 '껑충' 뛰어올랐다」, 2019. 11. 29

12 《오마이뉴스》,「중고교생 행복도 6년간 '껑충' 뛰어올랐다」, 2019. 11. 29

13 박제원,「학력 저하를 더 이상 감추지 말아야」, 교육을바꾸는사람들, 2019. 12. 4

14 교육부 보도자료, 「2019년 교육기본통계 결과 발표」, 2019. 8. 30

15 전라북도교육청 홈페이지 '참 학력이란'

16 임희완,『서양사의 이해』, 박영사, 2013, p515

17 김형기,〈포디즘적 발전모델의 성쇠〉, 참여연대 특별기획 강좌, 1999. 6. 8

18 니키틴, 편집부 옮김,『현대자본주의하 인플레이션』, 합성, 1989, p17

19 《경남일보》,「김홍길의 경제이야기: 세계 경제 올림픽, 다보스포럼」, 2020. 1. 19

20 김형기,〈포디즘적 발전모델의 성쇠〉, 참여연대 특별기획 강좌, 1999. 6. 8

21 김영광 블로그, '역량평가에서 역량 개념의 기원'

22 온정덕 외,『역량 기반 교육과정의 이해와 설계』, 교육아카데미, 2018, p26

23 김성우 외,『청춘의 고전』, 알렙, 2012

4장

1 알렉 피셔, 최원배 옮김,『피셔의 비판적 사고』, 서광사, 2010, p21

2 알렉 피셔, 최원배 옮김,『피셔의 비판적 사고』, 서광사, 2010, p26

3 케리 월터스, 김광수 외 옮김,『창의적 비판적 사고』, 철학과현실사, 2018, p30

4 폴 블룸, 이은진 옮김,『공감의 배신』, 시공사, 2019, p13

5 김영정,「창의성과 비판적 사고」, 한국인지과학회《인지과학》제13권 제4호, 2002, p12

6 케리 월터스, 김광수 외 옮김,『창의적 비판적 사고』, 철학과현실사, 2018, p22

7 고영성,『어떻게 읽을 것인가』, 스마트북스, 2015, p247

8 데이지 크리스토둘루, 김승호 옮김『아무도 의심하지 않는 일곱 가지 교육 미신』, 페이퍼로드, 2018, p45

9 김대식,『당신의 뇌, 미래의 뇌』, 해나무, 2019, p173

10 한성범,『배움과 뇌과학의 만남』, 책과나무, 2018, p319

11 데이비드 이글먼 외, 엄성수 옮김,『창조하는 뇌』, 쌤앤파커스, 2019, pp29~32

12 케리 월터스, 김광수 외 옮김,『창의적 비판적 사고』, 철학과현실사, 2018, p31

13 김유열,『딜리트』, 쌤앤파커스, 2018, p118

14 김유열,『딜리트』, 쌤앤파커스, 2018, p118

15 네이버 지식백과 '미술대사전, 용어 편' 한국사전연구사 편집부

16 김유열『딜리트』, 쌤앤파커스, 2018, pp114~118

17 데이비드 이글먼 외, 엄성수 옮김,『창조하는 뇌』, 쌤앤파커스, 2019, p51

18 데이비드 이글먼 외, 엄성수 옮김,『창조하는 뇌』, 쌤앤파커스, 2019, pp53~54

19 이찬승,「작업기억의 중요성과 주요 특징(2)」, 교육을바꾸는사람들, 2019. 6. 5

20 제레드 호바스, 김나연 옮김,『사람은 어떻게 생각하고 배우고 기억하는가』, 토네이도, 2020, pp384~385

21 윤가현 외,『현대 심리학의 이해』, 학지사, 2018, pp138~139

22 이찬승, 「작업기억의 중요성과 주요 특징(2)」, 교육을바꾸는사람들, 2019. 6. 5

23 윤가현 외, 『현대 심리학의 이해』, 학지사, 2018, pp138~139

24 제레드 호바스, 김나연 옮김, 『사람은 어떻게 생각하고 배우고 기억하는가』, 토네이도, 2020, p117~120

25 박지원, 신호열 외 옮김, 『연암집(중)』, 돌베개, 2007, p377

26 제레드 호바스, 김나연 옮김, 『사람은 어떻게 생각하고 배우고 기억하는가』, 토네이도, 2020, p120

27 신성욱, 『조급한 부모가 아이 뇌를 망친다』, 어크로스, 2019, p250

28 제레드 호바스, 김나연 옮김, 『사람은 어떻게 생각하고 배우고 기억하는가』, 토네이도, 2020, pp320~323

29 양은우, 『처음 만나는 뇌과학 이야기』, 카시오페아, 2016, pp219~227

30 김지영, 『다섯 가지 미래교육 코드』, 소울하우스, 2017, pp142~145

31 김지영, 『다섯 가지 미래교육 코드』, 소울하우스, 2017, p154

32 데이비드 이글먼 외, 엄성수 옮김, 『창조하는 뇌』, 쌤앤파커스, 2019, pp285~287

33 드니 위스망 외, 이재형 옮김, 『거리낌 없는 철학』, 산수야, 2012, p139

34 드니 위스망 외, 이재형 옮김, 『거리낌 없는 철학』, 산수야, 2012, p134

35 도미니크 부르댕 외, 이세진 외 옮김, 『철학 쉽게 명쾌하게』, 모티브북, 2007, p384

36 알렉 피셔, 최원배 옮김, 『피셔의 비판적 사고』, 서광사, 2010, p93

37 고이즈미 마사토시, 김정호 외 옮김, 『언어인지 뇌과학 입문서』, 신아사, 2019, p68

38 한상기, 『비판적 사고와 논리』, 서광사, 2007, p183

39 앤 톰슨, 최원배 옮김, 『비판적 사고: 실용적 입문』, 서광사, 2007, p120

40 한상기, 『비판적 사고와 논리』, 서광사, 2007, p182

41 도미니크 부르댕 외, 이세진 외 옮김, 『철학 쉽게 명쾌하게』, 모티브북, 2007, p385

42 알렉 피셔, 최원배 옮김, 『피셔의 비판적 사고』, 서광사, 2010, p90

43 한상기, 『비판적 사고와 논리』, 서광사, 2007, p182

44 한상기, 『비판적 사고와 논리』, 서광사, 2007, p184

45 한상기, 『비판적 사고와 논리』, 서광사, 2007, pp185~186

46 사토 마나부 외, 『교사의 배움』, 에듀니티, 2014, pp65~74

47 이현복 외, 『인간 본성에 관한 철학 이야기』, 아카넷, 2007, p60

48 로버트 애링턴, 김성호 옮김, 『서양 윤리학사』, 서광사, 2003, p368

49 권혜경, 『감정조절』, 을유문화사, 2016, p25

50 제레드 호바스, 김나연 옮김, 『사람은 어떻게 생각하고 배우고 기억하는가』, 토
    네이도, 2020, pp344~347

51 이찬승, 「감정이 학습에 미치는 영향」, 교육을바꾸는사람들, 2019. 8. 7

52 한성범, 『배움과 뇌과학의 만남』, 책과 나무, 2018, p186

53 한성범, 『배움과 뇌과학의 만남』, 책과 나무, 2018, p157

54 이찬승, 「감정이 학습에 미치는 영향」, 교육을바꾸는사람들, 2019. 8. 7

55 이찬승, 「감정이 학습에 미치는 영향」, 교육을 바꾸는 사람들, 2019. 8. 7

56 권혜경, 『감정조절』, 을유문화사, 2016, pp26~27

57 장준환, 『하루 5분 뇌과학 공부법』, 슬로디미디어, 2019, p22

58 장준환, 『하루 5분 뇌과학 공부법』, 슬로디미디어, 2019, pp26~27

59 권혜경, 『감정조절』, 을유문화사, 2016, p26

60 키르스티 론카, 이동국 외 옮김, 『핀란드 교육에서 미래교육의 답을 찾다』, 테크
    빌교육, 2020, p22

61 피터 바잘게트, 박여진 옮김, 『공감 선언』, 예문아카이브, 2019, p58

62 양은우, 『처음 만나는 뇌과학 이야기』, 카시오페아, 2018, p100

63 김학진, 『이타주의자의 은밀한 뇌구조』, 갈매나무, 2017, p184

64 피터 바잘게트, 박여진 옮김, 『공감 선언』, 예문아카이브, 2019, pp116~117

65 권우현, '행복지수 1위, 덴마크의 비밀 공감교육', www.peacewoods.com

66 벤 뒤프레, 이정우 외 옮김, 『철학과 함께하는 50일』, 북로드, 2010, pp282~283

67 서양근대철학회, 『서양 근대 철학』, 창작과비평사, 2004, pp201~202

68 최정규, 『이타적 인간의 출현』, 뿌리와이파리, 2004, pp26~27

69 서양근대철학회, 『서양 근대 철학』, 창작과비평사, 2004, p203

70 최정규, 『이타적 인간의 출현』, 뿌리와이파리, 2004, p33

71 최정규, 『이타적 인간의 출현』, 뿌리와이파리, 2004, p62

72 이진경, 『미래의 맑스주의』, 그린비, 2006, p368

73 로베르타 골린호프 외, 김선아 옮김, 『최고의 교육』, 예담아카이브, 2019, p80

74 《사이언스타임스》, 임동욱, 「'협동' 시작하면서 뇌 커졌다」, 2012. 4. 24

75 로베르타 골린호프 외, 김선아 옮김, 『최고의 교육』, 예담아카이브, 2019, p80

76 최정규, 『이타적 인간의 출현』, 뿌리와이파리, 2004, p87

77 최정규, 『이타적 인간의 출현』, 뿌리와이파리, 2004, p88

78 최정규, 『이타적 인간의 출현』, 뿌리와이파리, 2004, p89

79 최정규, 『이타적 인간의 출현』, 뿌리와이파리, 2004, p89

80 이민화, 『협력하는 괴짜』, 시그니처, 2018, p136

81 애덤 카헤인, 정지현 옮김, 『협력의 역설』, 메디치미디어, 2020, pp26~34

82 엄윤미 외, 『미래 학교』, 스리체어스, 2020, pp106~107

83 강석진, 『수학의 유혹』, 문학동네, 2010, p246

84 키르스티 론카, 이동국 외 옮김, 『핀란드 교육에서 미래교육의 답을 찾다』, 테크빌교육, 2020, p84

85 피터 바잘게트, 박여진 옮김, 『공감 선언』, 예문아카이브, 2019, p86

86 애덤 카헤인, 정지현 옮김, 『협력의 역설』, 메디치미디어, 2020, pp26~34

5장

1 온정덕 외, 『역량기반 교육과정의 이해와 설계』, 교육아카데미, 2018, p64

2 온정덕 외, 『역량기반 교육과정의 이해와 설계』, 교육아카데미, 2018, p66

3 한혜정 외, 「2015 교육과정 총론 해설」, 교육부, 2018, pp43~44

4 한혜정 외, 「2015 교육과정 총론 해설」, 교육부, 2018, p6

5 전라북도교육청 홈페이지 '참 학력이란'

6 최정규, 『이타적 인간의 출현』, 뿌리와이파리, 2004, pp145~147

7 이남석, 『인지편향 사전』, 옥당, 2016, pp104~105

8 필립 반 덴 보슈, 김동윤 옮김, 『행복에 관한 10가지 철학적 성찰』, 자작나무, 1999, pp236~242

9 김학진, 『이타주의자의 은밀한 뇌구조』, 갈매나무, 2017, pp22~24

10 샤를 페펭, 정혜용 옮김, 『7일간의 철학 여행』, 현대문학, 2008, pp138~139

11 토머스 키다, 박윤정 옮김, 『생각의 오류』, 열음사, 2007, pp236~242

12 유발 하라리, 조현욱 옮김, 『사피엔스』, 김영사, 2015, p49

13 김학진, 『이타주의자의 은밀한 뇌구조』, 갈매나무, 2017, pp135~136

14 최정규, 『이타적 인간의 출현』, 뿌리와이파리, 2004, p115

15 장동선, 염정용 옮김, 『뇌 속에 또 다른 뇌가 있다』, 아르테, 2017, p287

16 《한국일보(시카고판)》「손현수의 경제 읽기: 최후통첩 게임과 독재자 게임」, 2017. 12. 13

17 이대열, 『지능의 탄생』, 바다출판사, 2017, p247

18 최정규, 『이타적 인간의 출현』, 뿌리와이파리, 2004, p142

19 이대열, 『지능의 탄생』, 바다출판사, 2017, pp249~252

20 이대열, 『지능의 탄생』, 바다출판사, 2017, p258

21 장준환, 『하루 5분 뇌과학 공부법』, 슬로디미디어, 2019

22 네이버 포스트, 김영훈, '창의성의 뇌를 열어라', 2018. 7. 26

23 김유리 외, 「신 학력관과 2015 개정 교육과정에 기반한 국가수준 학업성취도 평가의 대안 모색」, 서울특별시교육청, p8

24 《연합뉴스》「대입제도, 정시가 수시보다 바람직」, 2019. 9. 5

25 강충열 외, 『학교혁신의 이론과 실제』, 지학사, 2013, pp138

26 김기원, 『내 아이를 위한 마법의 교육법』, 좋은땅, 2019, pp128~132

27 강충열 외, 『학교혁신의 이론과 실제』, 지학사, 2013, pp136~142

28 EBS 미래학교 제작진, 『미래학교』, 그린하우스, 2019, p27

29 강충열 외, 『학교혁신의 이론과 실제』, 지학사, 2013, pp182~183

30 한혜정 외, 「2015 교육과정 총론 해설」, 교육부, 2018, pp23~24

31 한혜정 외, 「2015 교육과정 총론 해설」, 교육부, 2018, pp23~24

32 강충열 외, 『학교혁신의 이론과 실제』, 지학사, 2013, p188

33 대니얼 윌링햄, 문희경 옮김, 『왜 학생들은 학교를 좋아하지 않을까?』, 부키, 2011, p75

34 구정화 외, 『고등학교 통합사회』, 천재교육, 2018, p225

35 이대열, 『지능의 탄생』, 바다출판사, 2017, pp273~274

36 이대열, 『지능의 탄생』, 바다출판사, 2017, pp275~276

37 김대식, 『당신의 뇌, 미래의 뇌』, 해나무, 2019, pp181~182

38 《에듀인뉴스》, 곽덕주, 「포스트모더니즘과 교육의 변화」, 2016. 7. 5

39 이찬승, 「2015 개정 교육과정의 핵심역량, 심각한 문제 있다」, 교육을바꾸는사
람들, 2015. 8. 4

6장

1 곽덕주 외, 『미래교육, 교사가 디자인하다』, 교육과학사, 2016, p91

2 곽덕주 외, 『미래교육, 교사가 디자인한다』, 교육과학사, 2016, p74

3 이명섭 외, 『교육과정-수업-평가-기록의 일체화: 실천편』, 에듀니티, 2017,
pp35~41

4 이형빈, 『교육과정-수업-평가 어떻게 혁신할 것인가』, 맘에드림, 2016, p21

5 한혜정 외, 「2015 개정 교육과정 총론 해설」, 교육부, 2017, p24

6 이윤미 외, 『주제통합수업, 아이들을 수업의 주인공으로!』, 살림터, 2016, p26

7 이명섭 외, 『교육과정-수업-평가-기록의 일체화: 실천편』, 에듀니티, 2017,
pp19

8 성열관 외, 『교육과정 통합, 어떻게 할 것인가?』, 살림터, 2017, p15

9 이형빈, 『교육과정-수업-평가 어떻게 혁신할 것인가』, 맘에드림, 2016, p53

10 이윤미 외, 『주제통합 수업, 아이들을 수업의 주인공으로!』, 살림터, 2016, p36

11 서울신은초등학교 교육과정 연구 교사모임, 『리셋, 교육과정 재구성』, 맘에드
림, 2015, p16

12 서울신은초등학교 교육과정 연구 교사모임, 『리셋, 교육과정 재구성』, 맘에드
림, 2015, p19

13 박현숙 외, 『수업 고수들 수업 교육과정 평가를 말하다』, 살림터, 2015, p50

14 이윤미 외, 『주제통합수업, 아이들을 수업의 주인공으로!』, 살림터, 2016, p27

15 박현숙 외, 『수업 고수들 수업 교육과정 평가를 말하다』, 살림터, 2015, p58

16 마강래, 『지위경쟁사회』, 개마고원, 2016, pp19~21

17 초등교육과정연구모임, 《초등 교육을 재구성하라!》, 에듀니티, 2016,
pp126~128

18 박현숙 외『수업 고수들 수업 교육과정 평가를 말하다』, 살림터, 2015, pp79~81

19 박현숙 외『수업 고수들 수업 교육과정 평가를 말하다』, 살림터, 2015, p122

20 이명섭 외, 『교육과정-수업-평가-기록의 일체화: 실천편』, 에듀니티, 2017, pp67~82

21 이찬승, 「교사 전문성 연수(1), 뇌는 어떻게 학습하는가」, 교육을바꾸는사람들, 2019. 6. 5

22 제레드 호바스, 김나연 옮김, 『사람은 어떻게 생각하고 배우고 기억하는가』, 토네이도, 2020, p263

23 제레드 호바스, 김나연 옮김, 『사람은 어떻게 생각하고 배우고 기억하는가』, 토네이도, 2020, pp265~266

24 《에듀인뉴스》, 이돈희, 「지금 존 듀이를 읽어야 하나, 흥미 또는 관심 위주 경험이 위험한 이유」, 2019. 2. 11

25 《에듀인뉴스》, 박남기, 「학생 관심수업과 흥미 중심수업은 다르다」, 2018. 10. 27

26 이찬승, 「두뇌기반교육에서 길을 찾다, 동기유발편」, 교육을바꾸는사람들, 2014. 11. 19

27 곽덕주 외, 《미래교육, 교사가 디자인하다》, 교육과학사, 2016, pp139~143

28 이택광, 『인문좌파를 위한 이론 가이드』, 글항아리, 2010, pp5~7

29 성열관 외, 『교육과정 통합, 어떻게 할 것인가?』, 살림터, 2017, p1

30 이형빈, 『교육과정-수업-평가 어떻게 혁신할 것인가』, 맘에드림, 2016, p95

31 정미경 외, 『효과적인 수업을 위한 교육방법 및 교육공학』, 공동체, 2020, p201

32 정미경 외, 『효과적인 수업을 위한 교육방법 및 교육공학』, 공동체, 2020, p193

33 Harriet Isecke, 강현석 외 옮김, 『백워드 설계와 수업 전문성』, 학지사, 2016, p46~47

34 정준환, 『교사, 프로젝트 학습에서 답을 찾다』, 상상채널, 2019, p28

35 성열관 외, 『교육과정 통합, 어떻게 할 것인가?』, 살림터, 2017, p156~157

36 성열관 외, 『교육과정 통합, 어떻게 할 것인가?』, 살림터, 2017, p160~161

37 브런치(https://brunch.co.kr/@itrendlab/22), 정경수, '섞어서 연습하면 더 깊게 각인된다'

38 제레드 호바스, 김나연 옮김, 『사람은 어떻게 생각하고 배우고 기억하는가』, 토 네이도, 2020, pp188~190

39 이형빈, 『교육과정-수업-평가 어떻게 혁신할 것인가』, 맘에드림, 2016, p105

40 이형빈, 『교육과정-수업-평가 어떻게 혁신할 것인가』, 맘에드림, 2016, pp99~100

41 이형빈, 『교육과정-수업-평가 어떻게 혁신할 것인가』, 맘에드림, 2016, p100

42 박준호 외, 『비판적 사고』, 신아출판사, 2012, p44

43 정미경 외, 『효과적인 수업을 위한 교육방법 및 교육공학』, 공동체, 2020, p195

44 Harriet Isecke, 강현석 외 옮김, 『백워드 설계와 수업 전문성』, 학지사, 2016, p46

45 이형빈, 『교육과정-수업-평가 어떻게 혁신할 것인가』, 맘에드림, 2016, p104

46 이형빈, 『교육과정-수업-평가 어떻게 혁신할 것인가』, 맘에드림, 2016, pp101~102

47 제레드 호바스, 김나연 옮김, 『사람은 어떻게 생각하고 배우고 기억하는가』, 토 네이도, 2020, p192

48 요시자와 미쓰오, 박현석 옮김, 『수학적 사고법』, 사과나무, 2015, p6

49 도마베치 히데토, 한진아 옮김, 『숫자 없이 모든 문제가 풀리는 수학책』, 북클라 우드, 2017, pp12~14

50 제레드 호바스, 김나연 옮김, 『사람은 어떻게 생각하고 배우고 기억하는가』, 토 네이도, 2020, p192

51 성열관 외, 『교육과정 통합, 어떻게 할 것인가?』, 살림터, 2017, p54

52 성열관 외, 『교육과정 통합, 어떻게 할 것인가?』, 살림터, 2017, p167

53 제레드 호바스, 김나연 옮김, 『사람은 어떻게 생각하고 배우고 기억하는가』, 토 네이도, 2020, p195

54 초등교육과정연구모임, 『행복한 혁신학교 만들기』, 살림터, 2011, p115

55 키르스티 론카, 이동국 외 옮김, 『핀란드 교육에서 미래교육의 답을 찾다』, 테크 빌교육, 2020, p17

56 키르스티 론카, 이동국 외 옮김, 『핀란드 교육에서 미래교육의 답을 찾다』, 테크 빌교육, 2020, p252

57 Harriet Isecke, 강현석 외 옮김, 『백워드 설계와 수업 전문성』, 학지사, 2016, p51

58 Harriet Isecke, 강현석 외 옮김, 『백워드 설계와 수업 전문성』, 학지사, 2016, pp43~44

59 데이지 크리스토둘루, 김승호 옮김, 『아무도 의심하지 않는 일곱 가지 교육 미신』, 페이퍼로드, 2018, p180

60 데이지 크리스토둘루, 김승호 옮김, 『아무도 의심하지 않는 일곱 가지 교육 미신』, 페이퍼로드, 2018, p181

61 이윤미 외, 『주제통합수업, 아이들을 수업의 주인공으로!』, 살림터, 2016, p34

62 이형빈, 『교육과정-수업-평가 어떻게 혁신할 것인가』, 맘에드림, 2016, p14

• 모든 문헌의 저자와 출판사에 감사와 존경의 마음을 전합니다. 연락이 닿지 않는 등의 이유로 사전 허락을 받지 못한 경우 양해를 바라며 사후에라도 허락을 받아 사무를 처리하도록 하겠습니다.

미래교육의 불편한 진실

1판 1쇄 발행 2021년 5월 31일
1판 3쇄 발행 2022년 6월 10일

지은이 박제원

펴낸이 김유열 | 지식콘텐츠센터장 이주희 | 지식출판부장 박혜숙
지식출판부·기획 장효순, 최재진 | 마케팅 최은영 | 인쇄 여운성 | 북매니저 박성근

책임편집 이만근 | 디자인 말리북 | 인쇄 (주)우진코니티

펴낸곳 한국교육방송공사(EBS)
출판신고 2001년 1월 8일 제2017-000193호
주소 경기도 고양시 일산동구 한류월드로 281
대표전화 1588-1580 홈페이지 www.ebs.co.kr 이메일 ebsbooks@ebs.co.kr

ISBN 978-89-547-5862-8 03370